AMERICAN PIT BULL TERRIER HEUTE

Todd Fenstermacher

KYNOS VERLAG

Buchtitel: American Pit Bull Terrier aus KYNOS ATLAS-HUNDERASSEN DER WELT

Foto visavis: American Pit Bull Terrier, Besitzer Joe Rice.

*Der Autor bedankt sich für den Beitrag von **Judy Iby** in folgenden Kapiteln: Sport mit Rassehunden, Finden und Identifizieren verlorener Hunde, Reisen mit dem Hund, Gesundheitsfürsorge und Hundliches Verhalten und Kommunikation.*

Originally published by T.F.H. Publications, Inc., One TFH Plaza, Third & Union Avenues, Neptune City, New Jersey 07753, U.S.A.
© KYNOS VERLAG Dr. Dieter Fleig GmbH
Am Remelsbach 30, D-54570 Mürlenbach/Eifel
Telefon: 06594/653 - Telefax: 06594/452

Übersetzung: D. und H. Fleig

Druck und Herstellung:
Dr. Cantz'sche Druckerei, D-73670 Ostfildern

ISBN-Nr.: 3-929545-64-0

AMERICAN PIT BULL TERRIER HEUTE

Todd Fenstermacher

Eine Wasserwanne hat verschiedene Aufgaben, hier bietet sie einem Pit Bull Kühlung an einem heißen Tag .

Kommt endlich jemand und spielt mit mir?

Der vielseitige Pit Bull Terrier besticht in allen Aufgaben - von der Schönheitsausstellung bis zum Behindertenhund.

Ein Pit Bull präsentiert sein Gewichtsziehergeschirr.

INHALTSVERZEICHNIS

Ein bezauberndes Trio von American Pit Bull Terrier-Welpen.

ZUM GELEIT

Kaum eine Hunderasse steht heute so negativ in den Schlagzeilen der Massenpresse wie der Pit Bull. In einigen europäischen Ländern haben die Parlamente Gesetze erlassen, welche die Zucht und Einfuhr kurzerhand verbieten, die Haltung dieser Hunde durch eine Fülle von Auflagen wesentlich erschweren und einschränken. Abschreckendes Beispiel sind die Länder Großbritannien und Holland. In dem als hundefreundlich geltenden England hat die *Dangerous Dogs Act* Verhältnisse geschaffen, die allen tierschützerischen Grundsätzen Hohn sprechen.

Auch das deutsche Bundesland Bayern hat den American Pit Bull Terrier auf den Index gesetzt, das Land Baden Württemberg dagegen ließ sich richterlich belehren, zog ein entsprechendes Gesetz zurück - ohne daß dadurch irgendwelche weiteren Schäden ausgelöst wurden.

Es vergeht heute kaum eine Woche, da nicht irgendwo in unseren deutschsprachigen Landen ein profilierungssüchtiger Politiker oder eine an Auflagensteigerung interessierte Zeitung das Thema *Kampfhunde* neu aufgreift, Schutz der Bevölkerung durch Leinen- und Maulkorbzwang, eine abschreckend wirkende *Kampfhundebesteuerung* fordert.

Das Schlimme an allen diesen Kampagnen ist, daß es über die Hunderasse American Pit Bull Terrier nur sehr wenig fundierte Informationen gibt. Selbst einige Wissenschaftler haben die Medienwirksamkeit des Themas erkannt. Hier werden Untersuchungsergebnisse präsentiert, denen jede klar erarbeitete, statistisch untermauerte Basis fehlt - zu Lasten der Hunderassen und der Menschen, die sie lieben.

Tatsache ist, daß der American Pit Bull Terrier in den letzten zwanzig Jahren weit über die Grenzen der USA zahlreiche neue Liebhaber fand. Im deutschsprachigen Raum hat diese Rasse viel Popularität und eine breite Anhängerschaft gefunden, was schon im Hinblick auf den massiven äußeren Druck erstaunlich ist. Ich hatte Gelegenheit, mit vielen Pit Bull-Besitzern persönlich zu sprechen, ihre Hunde kennenzulernen und weiß, welche Faszination diese Hunde ausstrahlen. Immer wieder wurde beklagt, mit welchem Unverständnis die Hundebesitzer mit ihrem Vierbeiner tagtäglich konfrontiert werden, daß es an Literatur von Rassekennern fehlt, die den Pit Bull-Freunden hilft, ihre Hunde besser zu verstehen, sie in unsere heutige Umwelt zu integrieren.

Die USA sind die Heimat dieser Hunde. In diesem riesigen Land werden sie jetzt nahezu einhundert Jahre gezüchtet, wurden sogar zum Nationalhund ernannt, der alle die positiven Eigenschaften des Amerikaners symbolisiert.

Offen gebe ich zu, daß es mir sehr schwer fällt, amerikanische Betrachtungsweise über die *Gameness*, den wichtigsten Charakterzug des Pit Bull, zu verstehen. Ganz eindeutig weise ich auch Ideologien zurück, wonach der einmalige Charakter dieser Hunde je irgend-

welche tierquälerischen Hundekämpfe rechtfertigen könnte. Auch gewissen Haltungs- und Erziehungsmethoden, die krass unseren Vorstellungen von Tierschutz wie auch den modernen Erkenntnissen der Verhaltensforscher widersprechen, trete ich entschieden entgegen, haben wir in diesem Buch gar nicht erst in die deutsche Sprache übertragen.

Dieses Buch bietet fundiertes Wissen und Erfahrungen über die Rasse American Pit Bull Terrier aus ihrem Ursprungsland. Möge es allen Freunden des Pit Bull helfen, ihre Hunde so zu erziehen und zu verstehen, daß alle Hysterie, alle unsinnigen Forderungen nach einer rechtlichen Sonderbehandlung, bald gegenstandslos werden.

Mürlenbach, im Mai 1997

Dr. Dieter Fleig

RASSEGESCHICHTE

Um zum Ursprung des American Pit Bull Terrier (APBT) zu gelangen, mußt Du weit zurück in die Tage des Bullenbeißens gehen. Dokumente reichen bis zum Jahre 1100 n. Chr. zurück, berichten von Kämpfen, bei denen Bullen und Bären von Hunden attackiert wurden. Bei diesem *Bullbaiting* wurde ein Bulle mit einem schweren Halsband und Seil an einem Ring angebunden, einer oder mehrere Hunde auf ihn gehetzt. Die Hunde versuchten, die Nase des Bullen zu fassen und sich zu verbeißen. War der Hund nicht schnell oder geschickt genug, wurde er von den Hörnern des Bullen erfaßt, durchbohrt oder hoch in die Luft geschleudert. Auch wenn der Hund sich in die Bullennase verbissen hatte, konnte er immer noch abgeschüttelt werden und segelte durch die Luft. Wenn die Hörner den Hund nicht verletzten, konnte er beim Fallen Schaden nehmen. Die Besitzer taten alles, um den Sturz des Hundes zu mildern. Einige versuchten, den Fall des Hundes aufzufangen, einige Frauen benutzten dazu ihre großen Schürzen. Ich habe auch eine Illustration gesehen, wo man mit langen Stangen den Fall des Hundes abzuschwächen versuchte. Das Ziel war, mit der Stange so unter den Hundekörper zu kommen, daß er herunterrutschte anstatt direkt auf dem Boden aufzuschlagen. Oft wurde auch Sand im Bullenring verteilt, um die Landung weicher zu machen. Dabei mußt Du Dir vorstellen, daß alle Berichte von neun bis fünfzehn Metern sprechen, die der Hund in die Luft geschleudert wurde.

Es versteht sich von selbst, daß viele Hunde beim Bullenbeißen ihr Leben verloren oder gelähmt wurden. Die Aufgabe des Hundes war es, die Bullennase zu fassen. Hierzu bedurfte es meist mehrerer Angriffe. Von den Züchtern verlangte man Hunde, die den Bullen immer wieder angriffen, gleich wie oft, unabhängig ob sie hochgeschleudert oder verletzt wurden. Ziel war die sogenannte *gameness* - bedingungslose Tapferkeit. Unter einem *game dog* verstand man einen, der bis zum Tode kämpfte. Von diesen ersten Bulldoggen gibt es zahlreiche Geschichten, in denen sie selbst mit gebrochenen Läufen, aufgerissenem Bauch wieder angriffen. Eine andere Geschichte erzählt von einem Züchter, der die Läufe seiner am Bullen hängenden Hündin mit der Heckenschere abschnitt, um zu beweisen, wie *game* sie war, daß sie selbst auf ihren Stümpfen angriff.

Diese frühen Bulldoggen kämpften auch gegen Bären und Löwen, wobei diese Tiere selten waren, nicht zugänglich für das einfache Volk. Der einfache Untertan hetzte seinen Hund

gegen andere Tiere wie Dachse, gelegentlich auf Affen, insbesondere aber gegen andere Hunde. Und dies führt uns genau zu der Rasse, die wir heute als American Pit Bull Terrier kennen. Es gibt zwei Theorien, welche Ausgangsrassen hinter dem modernen Pit Bull stehen. Einige behaupten, dies wäre einfach

Aufgaben wie Bullbaiting und Dogfighting verlangten bedingungslos als Voraussetzung, daß der Pit Bull schnell und beweglich war.

der alte Original Bulldog gewesen, wie er für den Hundekampf gezüchtet wurde. Alte Stiche über das *Bullbaiting* zeigen uns Hunde, die dem Pit Bull recht ähnlich sehen. Es ist aber schwer, ein genaues Bild zu gewinnen, weil diese alten Stiche in der Darstellung der Hunde Unterschiede zeigen. Einige zeigen kurze, quadratische Hunde mit kurzem, vorbeißenden Fang, andere wiederum zeigen das *Bullbaiting* mit Hunden, die dem heutigen Pit Bull sehr ähneln. Die verbreitetere Theorie geht davon aus, daß die frühen Pit Hunde Kreuzungen zwischen Bulldog und Terrier waren. Ausgangsterrierrasse soll der heute ausgestorbene English White Terrier gewesen sein. Hinter dieser Vorstellung steht die Theorie, daß der Terrier Schnelligkeit und Beweglichkeit, der Bulldog Tapferkeit und Ausdauer mitbrachten. Gerade der Name American Pit Bull Terrier vermittelt den Eindruck, daß dies so richtig ist. Zu dieser Zeit wurden bereits Kreuzungen zwischen Bulldog und Terrier für Rattenfänger-Wettbewerbe eingesetzt. Bei einem solchen Wettkampf wurde darauf gewettet, wie schnell ein Hund eine bestimmte Anzahl von Ratten töten konnte. Wie immer dies sein mag, mit Sicherheit ist der Pit Bull ein Nachkomme all jener Hunde, die in den Kämpfen Hund gegen Hund eingesetzt wurden. Ich glaube, in dieser Frage besteht allgemeine Übereinstimmung.

Der Hundekampf war in England wie Irland außerordentlich populär. Er war der Sport

Wahrscheinlich stammt der American Pit Bull Terrier aus Kreuzungen von Bulldog und Terrier - diese Verbindung brachte einen Hund von Schnelligkeit, Beweglichkeit, Ausdauer und äußerster Tapferkeit.

einer breiten Bevölkerungsschicht, an dem jedermann es sich leisten konnte teilzunehmen. Diese Kämpfe brauchten weder Bullen, Bären noch so viel Raum wie die anderen alten Kämpfe. Dadurch kam der *Hundesport* in die Hände des kleinen Mannes. Das Verbot aller alten Tierkämpfe im Jahre 1835 fachte zunächst sogar das Interesse am Hundekampf noch mehr an.

Noch vor dem *Civil War* fanden diese Kampfhunde und ihr »Sport« ihren Weg in die United States, schnell gewann die Rasse Popularität. 1898 begründete Mr. C. B. Bennett den *United Kennel Club*. Dies war der erste Verein, der die neue Rasse American Pit Bull Terrier (APBT) eintrug. Der *United Kennel Club (UKC)* veröffentlichte sowohl einen Rassestandard wie Regeln für Hundekämpfe. Dieser UKC existiert noch heute, betreut den Pit Bull und viele andere Rassen. 1909 begründete Guy McCord die *American Dog Breeder's Association*, auch sie registrierte den Pit Bull. Diese ADBA ist heute das Lieblingszuchtbuch des American Pit Bull Terrier-Liebhabers. Die ADBA veranstaltet Hundeausstellungen wie Gewichtsziehwettbewerbe.

Die Rasse wurde 1936 vom American Kennel Club (AKC) anerkannt. Es gab einigen Streit, welcher Name der richtige sei. *Yankee Terrier* war recht verbreitet, aber der AKC entschied sich für *American Staffordshire Terrier*. Sie ließen das Wort *Pit* fallen - wahrscheinlich politisch eine korrekte Entscheidung - erwähnen aber unverändert *Staffordshire* - eine Rückerinnerung an die Tage der Tierkämpfe in England. Der AKC bestimmte *Pete* von den

Hal Roach's Little Rascals als ersten APBT, der als *American Staffordshire Terrier* eingetragen wurde. In Wirklichkeit war dieser Hund nur einer von vielen American Pit Bull Terriern, die in dieser Serie auftraten. Wenn Du Dir heute nochmals die Serie anschaust, wirst Du sehen, daß als *Pete* tatsächlich verschiedene American Pit Bull Terrier auftraten. Vor *Pete* trat in dieser Serie schon ein Pit Bull namens *Pal* auf. Man nimmt an, daß er der Vater von *Pete* war - zumindest in der Serie.

Der American Pit Bull Terrier fand seine Verkörperung in dem Hund *Tighe* von Buster Brown. Theodore Roosevelt brachte seinen eigenen Pit Bull mit ins Weiße Haus. 1914 hatte der Pit Bull die große Ehre, die Vereinigten Staaten für den Ersten Weltkrieg in einem Poster zu repräsentieren. *»Ich bin neutral, fürchte mich aber vor keinem!«* Dies ist die Unterschrift unter diesem Hund. Eine vorzügliche Beschreibung der Haltung des Pit Bull! Ich habe auch ein Foto gesehen, wo Charlie Chaplin mit einem Pit Bull spazierengeht. Helen Keller besaß einen Pit Bull, ebenso Fred Astaire und General George Patton. Auf dem Titelbild des Albums *The Quintessential Billie Holiday* (Band 3, 1936 - 1937) sehen wir Mrs. Holiday, wie sie einen Pit Bull hält. Heute finden wir Portraits des Pit Bull auf Musikvideos und auf CD-Covers. Sie alle zeigen immer einen freundlichen Hund, was der Pit Bull in Wirklichkeit ja auch ist.

Die amerikanischen Pit Bull Terrier-Züchter legten keinen Wert auf Anerkennung durch den AKC. Viele gute Arbeitsrassen wurden schon von Menschen, die für den Ausstellungsring züchteten, schwer geschädigt - viele Pit Bull-Züchter fürchteten das Gleiche für ihre Rasse. Auf der anderen Seite nahm der AKC deutlich Abstand von der Geschichte der Rasse mit den Kämpfen in der alten Pit, was natürlich den Züchtern überhaupt nicht gefiel. Dann begann der UKC American Pit Bull Terrier und American Staffordshire Terrier als gleiche Rasse doppelt einzutragen. Obgleich jede Rasse in den Ahnentafeln erwähnt ist, konnte man gleichfalls unverändert *Kreuzungen* eintragen.

Nehmen wir zum Beispiel den Staffordshire Bull Terrier. Diese klar abgetrennte Rasse

In den alten Zeiten der Tierkämpfe hielt man den Staffordshire Bull Terrier und den American Pit Bull Terrier für die gleiche Rasse. Heute werden sie eindeutig als verschiedene Rassen gesehen.

*Dieser freundliche Hund
ist ein erstklassiges
Beispiel für die wichtig-
sten Merkmale des Pit
Bulls - die Merkmale
eines verspielten und
treuen Familienhundes!*

war ursprünglich einfach die bevorzugte Kampfhundelinie aus den alten Kampfhundetagen in England in der Grafschaft Staffordshire. Diese separate Linie wurde auf einheitlichen Rassetyp gezüchtet, 1935 als eigene Rasse vom English Kennel Club anerkannt. Heutzutage würde niemand einen Staffordshire Bull Terrier mit einem Pit Bull verwechseln, obgleich man über einige Zeit glaubte, sie seien die gleiche Hunderasse. Auf gleiche Art wiederholt sich die Geschichte erneut mit Pit Bull und dem American Staffordshire Terrier, denn beide werden zu separaten Rassen, sind es bereits geworden. Heutzutage würden nur wenige Züchter mit sorgfältig gezüchteten American Pit Bull Terriern auf die Idee kommen, diese mit dem American Staffordshire zu kreuzen. Ebensowenig würden die Züchter von American Staffordshire Terriern gerne Kreuzungen mit dem Amerian Pit Bull Terrier durch-führen. Hier haben sich nunmehr auch in den USA getrennte Rassen ergeben, und diese Rassengrenzen sollten gesehen werden.

Seit den frühen Tagen des Aufbaus dieser Rasse hat es immer einmal wieder illegale Hundekämpfe gegeben, anfänglich waren sie aber nicht so im *Untergrund* wie heute. In den USA wurde 1976 ein Bundesgesetz gegen Hundekämpfe erlassen. In den Zeiten davor war Hundekampf nur eine Übertretung, heute ist er in praktisch jedem Staat der Vereinigten Staaten eine Straftat. Trotzdem kann man nicht behaupten, diese Kämpfe seien völlig aus-gestorben, es gibt sie immer noch. Aber wer diese Kämpfe heute abhält, trägt ein hohes per-sönliches Risiko. Die überwiegende Mehrheit verurteilt heute den Hundekampf als Tierquälerei. Es entbehrt aber nicht der Ironie, wieviele der gleichen Leute begeisterte Anhänger genau des Tieres sind, das dieser Hundekampf hervorgebracht hat - des American Pit Bull Terriers!

Kein Aspekt der Rassegeschichte ist wichtiger als die Rolle des American Pit Bull Terrier als geschätzter und vertrauter Familienhund. Die Berichte von irrsinnig komischen Clownerien, extremer Loyalität und zweifelsfreier Tapferkeit gehen bis zum Ursprung der Rasse zurück. Wir alle, die wir die Rasse lieben, kennen sie als Familienhund, Wachhund,

Autor Todd Fenstermacher und einer seiner liebevollen American Pit Bull Terrier-Freunde. Pit Bulls lieben es, gestreichelt und liebkost zu werden, brauchen dringend menschliche Gesellschaft.

Spielgefährten, Clown, Tröster und - ganz einfach als besten Hund der Welt. Für unsere Füße sind sie ein hervorragender Bettwärmer!

Mit der heute geradezu explodierenden Popularität der Rasse sind Züchter aufgetaucht, die wenig wissen, sich den Teufel darum scheren, was ein echter American Pit Bull Terrier ist. Diese Vermehrer kreuzen den American Pit Bull Terrier mit allen möglichen Hunden, züchten auf Aggressivität gegen Menschen, produzieren wesensschwache Hunde. Diese Hunde verkaufen sie billig, meist ohne Eintragungspapiere. Das Schlimme ist, sie nennen diese Hunde *Pit Bulls*, und viele glauben, es seien die gleichen wie der American Pit Bull Terrier. Der beste Beweis dagegen ist, daß es den American Pit Bull Terrier in diesem Lande bereits so lange gibt, er aber erst seit Anfang der 1980er Jahre einer breiteren Öffentlichkeit bekannt wurde. Über lange Jahre wurde er als Familienhund, Hundekämpfer und Jagdhund auf Sauen eingesetzt, aber nie las oder hörte man etwas über *Pit Bull attacks* - bis vor wenigen Jahren. Wäre der American Pit Bull Terrier wirklich ein so bösartiger, gefährlicher Hund, wie ihn die Medien portraitieren, wo blieben dann eigentlich in früherer Zeit alle die Geschichten über angebliche Angriffe? Wie konnte Theodore Roosevelt im Weißen Haus einen Pit Bull halten, ohne daß jemand gebissen wurde? Nochmals, es gab überhaupt keine Probleme, bis schlecht erzogene Vermehrer anfingen, unzuverlässige Hunde zu vermehren und sie *Pit Bulls* zu nennen.

Wichtig ist die Zucht ausschließlich mit Hunden von ausgeglichenem, freundlichem Wesen. Nur so kann die Rasse ihre hohe Popularität wahren.

DAS WESEN

Als Familienhund für jedermann ist der American Pit Bull Terrier eine erstklassige Wahl. Sein Besitzer muß aber die Rasse und ihren einmaligen Charakter verstehen. Diese Hunde sind sehr unterordnungsfreudig, intelligent, wollen immer ihrem Besitzer gefallen, lassen sich dadurch leicht erziehen. Sie überzeugen bei allen Arbeitsleistungen, von schwierigen Schutzhundaufgaben bis zu komplizierten Zirkuskunststücken. Einfache Alltagskommandos reichen für ihre Erziehung aus. Der Pit Bull ist ein sehr ausgeglichener Hund mit einwandfreiem Wesen. Die letzten Zahlen, die ich von der *American Canine Temperament Testing Association* sah, zeigten, daß der Pit Bull Platz vier unter den Rassen hält, von denen der höchste Prozentsatz den Test bestand. Insgesamt 95 % aller Pit Bulls zeigten sich dem Test gewachsen, eine eindeutige Aussage zugunsten der Rasse, denn im Durchschnitt aller Rassen bestanden nur 77 % der Hunde.

Für eine Familie mit Kindern ist der Pit Bull eine sehr gute Wahl. Diese Hunde sind gerade Kleinkindern gegenüber recht freundlich und tolerant. Eines der Ergebnisse der alten Kampfhundezucht ist, daß diese Hunde unglaublich schmerzunempfindlich sind. Es macht ihnen nichts aus, wenn Kinder an ihren Ohren reißen oder über sie hinwegklettern. Der Pit Bull scheint sich gerade auf der Grenzlinie kleiner Quälereien von Kindern besonders wohl zu fühlen. Das Einzige, worauf man achten muß, ist seine Rute. Ein fröhlicher und glücklicher Pit Bull kann mit seiner peitschenartigen Rute wie wild wedeln, was man durchaus spürt.

Aufgrund der Aufgaben, für die der Pit Bull einmal gezüchtet wurde, ist es besonders wichtig, ihn früh zu sozialisieren. Nimm ihn überall mit hin, wo er andere Hunde trifft, unterbinde jegliche Anzeichen von Aggression. Wenn Du dies wirklich von klein an tust, wirst Du einen außerordentlich freundlichen Hund besitzen, der es liebt, anderen Tieren zu begegnen. Laß es Deinen Hund fühlen, wie glücklich es Dich macht, wenn er freundlich spielt, dann wird es zum Bestandteil seiner Persönlichkeit. Natürlich gibt es beim Pit Bull - wie in jeder Hunderasse - noch immer einige Tiere mit Aggressionen gegenüber anderen Hunden, dies kann trotz richtiger Sozialisierung durchbrechen. Dennoch stellte man bei einigen für den Hundekampf mißbrauchten Pit Bulls fest, daß sie dennoch mit Hunden des anderen Geschlechts freundlich sind, solange der andere Hund keine Anzeichen von Furcht oder Aggression zeigt. Ich habe dies selbst beobachtet.

Ein weiteres positives Merkmal ist die Tatsache, daß der Pit Bull Verbrecher wirklich abschreckt. Nichts gibt es, was einen Dieb so schnell von Deinem Fenster vertreibt wie der Anblick eines großen Pit Bull-Kopfes hinter der Scheibe. Dennoch ist der Pit Bull tatsächlich

Pit Bulls sind großartige Kinderhunde. Dieser Hund setzt sich für den Fotografen mit einigen seiner Spielgefährten in Position.

Obwohl der Pit Bull seiner Natur nach Menschen gegenüber nicht aggressiv ist, wirkt seine Anwesenheit auf Einbrecher abschreckend, denken diese zweimal darüber nach, ehe sie sich in ein vom Pit Bull geschütztes Grundstück wagen.

als Wachhund keine besonders gute Wahl. Seiner Natur nach ist dieser Hund Menschen gegenüber außerordentlich vertrauensselig - auch gegenüber Fremden. Der Pit Bull bellt im Normalfall nicht einmal, es gibt allerdings einige Ausnahmen. Aus diesem Grunde ist aber der Pit Bull nicht einmal ein besonders guter Wachhund *(alarm dog)*. Es gibt andere Rassen, die wirklich fantastische Wachhunde abgeben - der Pit Bull gehört nicht zu ihnen. Natürlich kann man Pit Bulls für diese Aufgaben erziehen. Es bedarf sehr viel fachkundiger Abrichtung, um diesen Hund gegen seine Natur dazu zu bringen, einen Menschen zu beißen, denn über zahllose Generationen wurden menschenbeißende Hunde sofort an Ort und Stelle getötet. Gerade die *Hundekämpfer* sahen in einem *man biter* einen *schwachen Hund*, der in keiner Weise *game* war. Für sie war dies immer ein Angstbeißer. Auch fand ein Pit Bull, von dem man nicht mit Sicherheit wußte, daß er keinesfalls Menschen biß, keinen Zugang zum Hundekampf.

Zu den attraktivsten Eigenschaften der Rasse gehört, daß sie verhältnismäßig anspruchs-

Da Pit Bulls planmäßig auf Unterordnung unter den Menschen gezüchtet wurden, sind diese Hunde in keiner Weise Menschen gegenüber aggressiv - es sei denn, sie würden mißhandelt oder verantwortungslos ausgebildet.

los und pflegeleicht ist. Ihr kurzes Fell braucht kaum Pflege. Wenn man mit den Hunden genügend auf rauhem Boden spazieren geht, brauchen ihre Krallen nicht geschnitten zu werden. Wenn sie schmutzig sind, werden sie gebadet, der Zahnstein muß zuweilen von den Zähnen entfernt werden, weiterhin brauchen sie ihre Schutzimpfungen - das ist im Grundsatz schon alles. Diese Hunde gedeihen nur aufgrund körperlicher Aktivitäten, gehe mit ihnen spazieren, atme gemeinsam mit Deinem Hund frische Luft. Wandere, jogge mit ihm, laß den Hund Dich auf *Rollerblades* ziehen. Es wird Euch beiden immer gut tun.

Ein anderer Vorzug des Pit Bulls ist, daß er seiner Natur nach Menschen gegenüber keine Aggression zeigt. Dies steht im Widerspruch zu vielem, was Du in den Nachrichten über die Rasse liest oder hörst, es ist dennoch wahr. Viele Pit Bulls wurden von Menschen gestohlen, die einfach daherkommen, den Hund ohne irgendwelche Probleme mitnehmen. Ich kenne eine Reihe von Pit Bull-Zwingern, die tatsächlich andere Hunde halten, um ihre Pit Bulls davor zu bewahren, gestohlen zu werden. Wenn Du genauer darüber nachdenkst, wird es klar. Ein Hundekämpfer konnte mit einem gegen Menschen aggressiven Hund nichts anfan-

Bewegung ist für Hunde wie Menschen besonders wichtig! Bonehead liebt Spaziergänge zu den örtlichen Geschäften, um zu erfahren, was es Neues gibt.

gen. In der Pit wurde der Hund nicht nur vom eigenen Besitzer, sondern auch von anderen Hundebesitzern angefaßt, dazu gab es in der Pit noch den Ringrichter. Wäre der Pit Bull ein aggressiver Hund, keiner dieser Männer wäre in einem solch kleinen, beschränkten Bereich mit zwei kämpfenden Hunden je sicher gewesen. Die zahllosen Generationen von Kampfhunden, die nicht menschenaggressiv sein durften, haben Menschenaggression aus dem Pit Bull herausgezüchtet. Erst in jüngerer Zeit wurden schlecht informierte, leichtsinnige Hundevermehrer aufgrund der hohen Popularität der Rasse angezogen, begannen damit *menschenaggressive Hunde* zu züchten.

Aber die Stellung des Pit Bulls ist heute mehr denn je die des Familienhundes. Leider verwendet ein winziger Prozentsatz der Hundebesitzer noch heute den Hund für seine ursprüngliche Aufgabe, als Kilo für Kilo den besten Kampfhund. Noch immer überragen diese Hunde im Hundekampf. Die meisten Kenner stimmen überein, daß die heutigen *game-bred Pit Bulls* noch bessere Kämpfer sind als in der Vergangenheit. Wenn man von diesem Mißbrauch absieht, sind aber die Qualitäten, die in der Pit geschaffen wurden, genau die gleichen, die diese Hunde für eine Vielfalt anderer Aufgaben so besonders geeignet machen.

Nehmen wir als Beispiel die Jagd. Häufig setzt man den Pit Bull für die Wildsauhatz ein. Es gibt in einigen Ländern sogenannte *Wildschweinrodeos*, wo sich die Pit Bulls als Saupacker hervortun. Diese Wettbewerbe wirken auf viele Betrachter als außerordentlich brutal. Diese Rodeos sind von der Stoppuhr beherrschte Wettbewerbe. Aufgabe des Hundes ist es, die Sau zu fangen, die Hundeführer packen die Sau, nehmen dann mit dem *breaking stick* den Hund ab. Sieger ist der Hund, der am schnellsten ist. Völlig zu Recht gibt es intensive Bemühungen, auch diese Wettbewerbe gesetzlich zu verbieten. Glücklicherweise ist dieses Unwesen noch nicht nach Europa vorgedrungen. Aufgabe des Saufängers auf der Jagd ist es, sich seitlich am Kopf der Sau zu verbeißen, festzuhalten, so daß der Jäger sie einfangen, fesseln, die Sau abstechen kann. Keiler sind unglaublich schnell, wiegen bis zu 150 Kilo. Schnelligkeit und Beweglichkeit dieser riesigen Tiere sind erstaunlich. Dabei müssen die Saufänger sich in den Keiler verbeißen, ehe dieser über sie kommt. Mit seinen »Waffen« kann der Keiler mit Leichtigkeit einen Hund töten, ihm den Leib aufschlitzen und ihn hoch in die Luft schleudern. Wenn es dem Hund gelingt durchzubrechen, steht er immer noch vor dem Problem, den Keiler wirklich zu fassen. Der Hund muß sich elastisch drehen und wenden, um die Hauer des Keilers zu meiden, der durch Schlagen seines Kopfes von Seite zu Seite den Hund abzuschütteln versucht. Und selbst wenn die Hauer des Wildschweins den Hund nicht erwischen, könnte er noch immer unter den Schalen enden, die viel schärfer und härter sind als man sich vorstellt. Auf jede Art könnte der Hund in kürzester Zeit getötet werden, dies beweisen zigtausend getötete Jagdhunde auf der Sauhatz in aller Welt.

Aus diesem Grunde werden die Saufänger in der Regel nicht geschnallt, ehe die Jäger so nahe sind, um den Kampf schnell zu beenden. Die meisten Jäger nutzen eine Meute von *Findern*, die das Wildschwein in einer Ecke stellen, während die Saufänger an der Leine näherrücken. Die Jäger müssen großes Vertrauen haben, daß ihr Hund tatsächlich das Tier festhält. Läßt der Hund nämlich los, kann sich der Keiler gegen den Jäger wenden, der sich zu dieser Zeit dann voll innerhalb seiner Reichweite befindet. Diese Jagd bildet eine vorzügliche Mutprobe, testet auch die Gameness des Hundes. Außerdem muß ein Hund, der

22

Obgleich im allgemeinen nicht als Ausstellungshund gesehen, nehmen viele Pit Bulls doch an Schönheitsausstellungen teil. Sie sind auch wahrlich eindrucksvolle Hunde!

Gewichtsziehwettbewerb.
Kraft und Ausdauer machen den Pit Bull zu
einem aussichtsreichen Wettbewerber.

sich hier bewähren möchte, sehr schnell lernen. Es gibt wenig Raum und Zeit für Fehler, wenige Hunde haben eine zweite Chance, alles richtig zu machen.

Der Tierschutz ist aber sicher im Recht, wenn er einwendet, daß in Zeiten der Feuerwaffen derartige Mutproben von Hund und Jägern den tierschützerischen Aspekten diametral entgegenstehen.

Heute trifft man den Pit Bull auch häufig auf Hundeschönheitsausstellungen. Obgleich diese Rasse im allgemeinen nicht als *Ausstellungshund* gesehen wird, sind die Meldezahlen auf American Pit Bull Terrier-Ausstellungen beachtlich. Dabei werden wenige zu behaupten wagen, bei diesen Hunden gäbe es nichts, was sich nicht zu betrachten lohne. Es macht immer Spaß, den eigenen Hund auszustellen, dabei auch die anderen Pit Bulls zu bewundern. Ich rede den Menschen immer zu, auf Ausstellungen zu gehen, die Ausstellungsleitungen zu unterstützen, ganz einfach Spaß am Ausstellungsgeschehen zu gewinnen. Die Clubs sind für jede Unterstützung dankbar.

Ihre Aufgabe geht ja sehr viel weiter als die Veranstaltung von Ausstellungen. Vor allem versuchen sie, ein positives Bild der Rasse zu schaffen, führen häufig auch eigene Rettungsprogramme durch. Ein solches Rettungsprogramm nimmt in Not geratene Hunde auf, die anderenfalls möglicherweise eingeschläfert würden. Auf Hundeausstellungen findet man auch manche Spezialitäten für den Pit Bull, die man sich sonst nur schwer beschaffen kann.

Neben derartigen Schönheitsausstellungen gibt es häufig Gewichtsziehwettbewerbe. Das ist eine Aufgabe, bei welcher der Pit Bull mit einem speziellen Gewichtsziehgeschirr ausgestattet wird, verbunden mit einem Schlitten oder Karren. Seine Aufgabe ist es, ein bestimmtes Gewicht in einer Zeit unter sechzig Sekunden über eine Strecke von 4,50 m (15 feet) zu ziehen. Anfangs wird jeder einzelne Hund gewogen, um ihn in eine bestimmte Gewichtsklasse einzureihen. Nachdem alle Hunde das Gewicht gezogen haben, wird es erhöht. Erneut ziehen sie, wird das Gewicht wieder angehoben und so weiter. Ist der Hund nicht imstande, in sechzig Sekunden das Gewicht über die vorge-

Pit Bull zeigen sich zuweilen von Wassergefäßen fasziniert, spielen
damit, kauen daran. Dieser Hund war so intelligent, noch einen ganz
anderen Vorteil dieses Wassertrogs zu entdecken!

schriebene Entfernung zu ziehen, wird er mit dem letzten Gewicht eingetragen, das er zu ziehen vermochte. Sind keine Hunde mehr übrig geblieben, befassen sich die Richter mit all den Hunden, die ihre Einzelklasse als Sieger abschlossen. Es gibt Spezialpreise für das höchste geschaffte Gewicht je Pfund Eigengewicht des Hundes. Am Ende des Wettbewerbes wurden nicht nur reine Kraft und Ausdauer getestet, sondern in gewisser Art auch die rassetypische Haltung *nie aufgeben* verbunden mit *gameness*.

Den Charakter des Pit Bulls zu beschreiben ist keine einfache Aufgabe. *Unterhaltungsclown* wäre wohl die beste Zusammenfassung all der populären Eigenschaften dieser Hunde. Je mehr Aufmerksamkeit man ihnen widmet, umso übermütiger werden sie. Du kannst beobachten, wie ein Pit Bull im Garten ein echtes Rennfest veranstaltet, durch die Luft springt, sich auf den Boden wirft, sich umwendet, um sich zu vergewissern, daß alle ihn beobachten, dann das ganze Spiel von neuem beginnt.

Die unterwürfige Natur dieser Rasse läßt sich wiederum auf die alten Hundekämpfe zurückführen. Jeder Pit Bull, der beim Hundekampf den eigenen Besitzer bedrohte, wurde sofort an Ort und Stelle getötet. Damit hat man eindeutig alle Hunde mit diesem Charakterzug aus dem Zuchtprogramm ausgeschlossen. Die Unterordnungsbereitschaft zahlt sich bei der Erziehung aus. Wenn man den Pit Bull ausschimpft, tut ihm alles fürchterlich leid, schaut er seinen Erzieher traurig an. Bei Hunden dieser Art braucht man keine körperlichen Strafen.

Die meisten sind überrascht, wenn sie herausfinden, wie ruhig und liebevoll diese Hunde tatsächlich sind. Die vorgefaßte Meinung lautet, dieses seien bösartige, laute Tiere, die Fremde am liebsten auffressen. Nichts könnte dem echten Rassecharakter ferner sein!

Mit Kindern ist der Pit Bull außerordentlich freundlich, wird für die ganze Familie zum geliebten Familienhund. Das Bild zeigt Mako, der mit seinem Freund Cody viel Zeit verbringt.

Der Pit Bull ist allgemein für seine starke Muskulatur und seine Kraft bekannt, besonders die Stärke seiner Kiefer.

Zugegeben, ich habe auch schon Pit Bulls gesehen, die für falsche Aufgaben erzogen wurden. Das Wort *erzogen* ist wahrscheinlich nicht richtig, *mißbraucht* wäre viel treffender. Tatsache ist jedenfalls, daß Du bei der Begegnung mit einem Pit Bull viel wahrscheinlicher wild geleckt, umschmust, mit den Pfoten begrüßt wirst. Du solltest auch nicht überrascht sein, wenn Du einen Pit Bull überhaupt nicht bellen hörst. In dem letzten Pit Bull-Zwinger, den ich besuchte, lebten über zwanzig Hunde, und nur zwei aus dieser Gruppe habe ich je bellen gehört. Alle anderen bemühten sich außerordentlich darum, mir möglichst nahe zu kommen, sich streicheln zu lassen - absolut typisch für den echten Pit Bull Terrier.

Eine wichtige Eigenschaft der Pit Bulls ist, daß diese Hunde körperliche Arbeit unendlich lieben! Wenn Du überlegst, wofür sie einmal gezüchtet wurden, klingt dies absolut vernünftig. Um einen Hund zu Zeiten der alten Hundekämpfe auf einen Kampf vorzubereiten, mußte er lange vor dem Beginn Meilen um Meilen trabend oder rennend zurücklegen. Wenn Du versuchst, mit Deinem Pit Bull bis zur Erschöpfung zu wandern, wünsche ich Dir viel Glück! Wenn der Hund nicht so erzogen ist, bei Fuß zu gehen, möchte er immer bei Spaziergängen der Anführer sein, solange er überhaupt nur vermag, seinen Besitzer hinter sich her zu ziehen. Es ist auch üblich, daß Hunde, die im Freien an eine Laufkette gelegt werden, sich dauernd selbst bewegen. Ihre verbreitetste Übung ist das Spiel und das Ankauen ihrer großen Wasserschüsseln.

Ich kenne auch Hunde, die sich an Baumzweigen festbeißen, wenn sie so lang angekettet sind, daß sie bis zu einem Zweig hochspringen konnten. Denke daran, daß bei dieser Übung der Pit Bull nicht nur sein eigenes Körpergewicht, sondern auch noch das Gewicht einer schweren Kette trägt. *(Anmerkung des Übersetzers: derartige Kettenhaltung steht in absolutem Widerspruch zu den kontinentalen Vorstellungen über Tierschutz!)*

Zu den eindrucksvollsten Erlebnissen rund um die Persönlichkeit des Pit Bulls gehört seine absolute Tapferkeit. Damit bringen sie sich zuweilen selbst in Schwierigkeiten! Ein Pit Bull scheint sich für unzerstörbar zu halten. Er versucht es immer erneut, auch zum zweiten Mal, wenn er den ersten Versuch übersteht. Ich erinnere mich, daß ich durch einen Zwinger ging, mir die Hunde ansah. Plötzlich entdeckte ich ein paar Welpen zu meinen Füßen. Zuvor hatte ich die gleichen Welpen in einem 1,80 m hoch eingezäunten Zwingerauslauf gesehen. Der Riegel lag viel zu hoch, als daß sie ihn öffnen konnten. Als ich mir mit dem Züchter die Dinge näher ansah, entdeckten wir die noch zurückgebliebenen Welpen, wie sie tatsächlich den Maschendraht hochkletterten und sich auf der anderen Seite einfach fallen ließen. Sie hatten herausgefunden, daß sie ihre Pfoten in die Maschen stecken konnten, und sie spazierten einfach hoch. Nachdem sie diesen Trick erst einmal herausgefunden hatten, mußte man sie in Zwingern halten, die mit Draht überspannt waren.

Wenn man davon spricht, daß sich der Pit Bull zuweilen selbst in Schwierigkeiten bringt, gehört natürlich zu den Problemen, daß wenn die Hunde nicht frühzeitig sozialisiert werden, eine gewisse Aggression gegenüber Hunden erwacht. In den meisten Fällen handelt es sich dabei um ein Problem innerhalb des gleichen Geschlechts (Rüde gegen Rüde - Hündin gegen Hündin). Das beste Heilmittel bleibt frühe Sozialisierung. Du mußt Deinem neuen Freund von Anfang an klarmachen, daß Aggression gegen Hunde absolut verboten ist. Weiterhin mußt Du Dir selbst klar sein, daß wenn ein anderer Hund auf die Idee verfällt, einen Streit mit dem Pit Bull zu wagen ... nun - wir wollen dies so sagen - es nicht zu ihrer Veranlagung gehört, *die andere Wange hinzuhalten*. Ein richtig sozialisierter Pit Bull sollte überhaupt keinen Streit vom Zaun brechen. Dank richtiger Erziehung muß er freundlich und verspielt sein - auch mit Hunden des gleichen Geschlechts. Natürlich sollte man sehr aufmerksam darüber wachen, daß kein anderer Hund es versucht, den Pit Bull zu dominieren. Die Verantwortung liegt bei Dir! Laß Deinen Hund nie in eine solche Situation geraten. Sozialisiere ihn richtig, halte ihn von anderen aggressiven Hunden fern - und alles ist in Ordnung.

Du wirst echt überrascht sein, wenn Du herausfindest, wie freundlich der Pit Bull in Wirklichkeit ist. Richtig - einem Kampf weicht keiner aus. Wenn aber niemand ihnen den Kampf anbietet, sind sie als Familienhund so sanft und freundlich, wie man es sich nur wünscht - insbesondere gegenüber Kindern und kleineren Tieren. Wenn man sich die hohe Schmerzunempfindlichkeit und das zwar schützende, aber außerordentlich sanfte Verhalten gegenüber Kindern betrachtet, glaube ich nicht, daß man als Familienhund eine bessere Rasse wählen könnte. Viele Pit Bulls werden zusammen mit Katzen, anderen Hunden, Vögeln ... gehalten, und es gibt keine Probleme. Meine Katze rollt sich oft mit meinem Pit Bull zusammen, sie schlafen gemeinsam. Beim Spiel ist mit Sicherheit die Katze am aggressivsten. Der Pit Bull pfötelt nur etwas nach ihr, spielt mir ihr mit offenem Fang, beißt sie aber nie.

Diese rassetypischen Eigenschaften des American Pit Bull Terrier, die sie von anderen Rassen unterscheiden, lassen sich alle auf die ursprüngliche Aufgabenstellung zurückführen - den Hundekampf. Der Pit Bull zeigt eine unglaublich hohe Schmerztoleranz, was natürlich Hunde für den Kampf brauchten. Bei diesen Kämpfen siegte der Hund, der die anderen Hunde zur Aufgabe zwang, nicht aber seinen Gegner tötete. Wenn der Pit Bull keine beträchtlichen Schmerzen ertragen könnte, würde er aufgeben, den Kampf verlieren. Er würde aufgeben, indem er einfach über die Wand der Pit spränge - nur etwa 90 cm hoch - oder beim *scratch* versagte - nach der Trennung die Mittellinie in Richtung Gegner nicht mehr überschritte.

Der Hundekampf hatte auch außergewöhnliche Ausdauer als Zuchtziel. Ein Kampfhund mußte so lange durchstehen, wie ein Kampf nun einmal dauerte - das konnte sich über Stunden erstrecken! Der Bericht über den längsten Kampf spricht von mehr als fünf Stunden! Dies ist der Grund, warum der Pit Bull körperliche Arbeit fordert - ganz ähnlich wie ein Greyhound nun einmal das Rennen liebt - und der Retriever die Jagd. Dies ist etwas, wofür die einzelne Rasse gezüchtet wurde.

Die reine Kraft des Pit Bull ist Legende, sowohl Kraft der Kiefer wie die körperliche Kraft insgesamt. Es leuchtet leicht ein, warum Kieferkraft so gefragt war. Gegenüber einem hart beißenden Hund schaut sich der Gegner schneller um, wie er wieder aus dem Kampf herauskommt, um weitere Verletzungen zu vermeiden. Die überragende körperliche Kraft braucht der Hund, um seinen Gegner auf den Rücken oder in eine Ecke zu zwingen, wo er ihn besser festzuhalten vermag. Alle diese Zucht auf körperliche Kraft führte dazu, daß der heutige Pit Bull einer der besten Gewichtszieherhunde ist, wenn man Kilogramm gegen Kilogramm setzt. Sowohl die überragende Körperkraft wie besonders die Kraft der Kiefer haben diesen Hund zu einem der besten Saufänger gemacht.

Die allerwichtigste Eigenschaft, die diese Hunde im Hundekampf gewonnen haben, ist *gameness*. Unter *gameness* versteht man den Zwang des Pit Bulls, immer weiter zu machen, ganz gleich, was es ist. Dies ist die ausschlaggebende Eigenschaft, welche den Pit Bull gegenüber anderen Hunden am deutlichsten unterscheidet. Es gibt andere Hunde mit Hundekampfvergangenheit, auch in ihnen steckt noch viel *gameness*, aber nicht im gleichen Ausmaß wie beim Pit Bull. Die Haltung *tue es oder stirb beim Versuch, es zu tun* beeindruckt beim Pit Bull immer wieder. Verwechsle keinesfalls diese *gameness* mit Aggression gegenüber Hunden. Dies sind verschiedene Dinge. Jeder Hund kann einen Kampf suchen - aggressiv gegenüber Hunden sein - aber der *game dog* steht den Kampf bis zum Ende durch, ganz gleich, was dabei herauskommt.

Obgleich der Pit Bull ein sehr guter Familienhund ist, eignet er sich mit Sicherheit nicht als Rasse für jedermann. Nur Hundeliebhaber mit ausgeprägtem Verantwortungsbewußtsein sollten sich einen solchen Hund ins Haus holen. Einen Pit Bull zu halten und zu betreuen ist gegenüber dem Besitz anderer Hunde sehr verschieden. Als Allererstes muß man den Charakter dieses Hundes verstehen. Der Pit Bull ist liebenswert und freundlich, gleichzeitig aber außerordentlich schützend - beim Kampf wird er nicht nachgeben. Du mußt genau den Zeitpunkt und die Situation voraussehen, wann Du mit Deinem Pit Bull in Schwierigkeiten kommen könntest und solche Situationen unbedingt meiden. Ein Pit Bull, der sich wehrt oder sich verteidigt, wird Menschen, die ihr Wissen über die Rasse nur aus der Presse haben, wahrscheinlich aggressiv oder bösartig erscheinen. Ich weiß, daß ist nicht fair, auch nicht gerecht, es ist aber *die absolute Realität!*

Menschen, die einen Pit Bull halten wollen, müssen bereit sein, sich selbst strikt zu erziehen. Sie müssen zu den Hundefreunden gehören, die in der Lage sind, den Ratschlägen der Züchter und anderer Pit Bull-Besitzer wirklich zu folgen. Für den Erstbesitzer ist Wissen aus erster Hand unersetzlich! Wer sich einen Pit Bull zulegt, muß ein Mensch sein mit einem großen *Ego*, wenn es um den Hund geht. Leider besitzen viele Machotypen diese Hunde, haben dem Pit Bull zu unser aller Last einen schlechten Ruf eingebracht. Natürlich, wahrscheinlich hättest Du den tapfersten Hund im ganzen Häuserblock, aber *dies ist der allerletzte Grund*, um einen solchen Hund zu haben. Der Besitz eines Pit Bulls macht Dich nicht zu einem *tough guy* - halte Dich nicht selbst zum Narren! Zählt dies zu den Gründen, warum Du einen solchen Hund haben möchtest, dann brauchst Du sehr viel mehr Hilfe, als irgendein Hund Dir je bieten könnte! *Vertraue Dich einem Psychiater an!*

Ein Pit Bull-Besitzer muß bereit sein, sich alle notwendige Zeit zur Erziehung und zur Sozialisierung seines Hundes zu nehmen. Einen gut erzogenen und sozialisierten Pit Bull zu besitzen, ist eine immer neue Freude - zu Hause - wie auch in der Nachbarschaft. Oft glauben Menschen, die keine Informationen aus erster Hand haben, ausschließlich den negativen Medienberichten. Häufig verabscheuen sie es, in der Nachbarschaft nur einen Pit Bull zu sehen. Hier muß der verantwortungsbewußte Hundebesitzer sehr geduldig sein, sich jede Zeit nehmen und versuchen, den Leuten zu erklären, was für ein Hund der Pit Bull in Wirklichkeit ist. Dies ist oft überhaupt nicht leicht, aber es lohnt sich immer. Die richtigen Pit Bull-Besitzer wissen dies genau! Sie wissen, daß man das negative Vorurteil anderer Menschen, Nachbarn und Wohnblocks nur nach und nach verändern kann.

Das Allerwichtigste, ein idealer Pit Bull-Besitzer muß seinem Hund wie der Rasse gegenüber außerordentlich loyal und opferbereit sein. Er muß wissen, daß der Hundebesitz eine Verpflichtung für das ganze Leben ist. Er muß alles in seinen Kräften stehende tun, daß das Leben mit dem Pit Bull zu Hause gut verläuft. Er muß alles tun, um für seinen Hund - damit für die Rasse - ein allgemeines positives Image aufzubauen. Wenn wir uns nicht alle aktiv dafür einsetzen, könnten wir tatsächlich erleben, daß diese Rasse einmal über unsere ganze Lebenszeit verboten wird. Dies geschah schon in einigen Teilen von Europa, und es gibt Menschen in den USA, die es auch hier fordern.

Der Pit Bull-Besitzer hat die absolute Verpflichtung, seinen Hund richtig zu erziehen und zu sozialisieren, für die Rasse ein positives Image in der Öffentlichkeit aufzubauen.

ANATOMISCHER AUFBAU

Betrachte immer zuerst das Gesamtprofil des Hundes. Im Idealfall ist es von der Seite betrachtet *quadratisch*. Das bedeutet, Widerristhöhe gleich Länge vom vorderen Schulterblatt bis zur Hinterhand. Ein solcher Hund steht hoch, verfügt über einen maximalen Gewichtsausgleich. Im normalen Stand steht das Sprunggelenk etwas weiter nach hinten als die Hüfte, die Grundfläche, auf der die vier Pfoten des Hundes stehen, ist deshalb geringfügig länger als die Widerristhöhe. Wenn man die Entfernung Sitzbeinhöcker zum vorderen Schulterblatt und die Widerristhöhe als Maßstab nimmt, ist dies das bessere Maß als die Bodenfläche, welche der Hund im Stand bedeckt.

Das Verhältnis Widerristhöhe zu Gewicht ist entscheidend. Da im Hundekampf immer nur Hunde gleicher Gewichtsklasse gegeneinander antraten, war klar, daß je größer der Hund in der Gewichtsklasse war, umso besser seine Chancen. Aus diesem Grunde verloren in aller Regel untersetzte Hunde mit langem Körper, schweren Schultern und dicken Läufen gegen größere, schlankere Gegner.

Normalerweise segnet die Natur einen großen, schlanken Hund mit einem ziemlich langen Hals, ein beachtlicher Vorteil, der ihn in die Lage versetzt, daß er bis zum Knie des Gegners vorstoßen kann, während der ihn am Vorderlauf hält, und er das Ohr eines kurzhalsigen Gegners fassen konnte oder bis zur Brust reichte, wenn der andere Gegner ihn angriff. Verlangt wird ein stark bemuskelter Hals, vom Halsansatz bis zum Oberkopf.

Als zweites betrachte den rückwärtigen Bereich des Hundes. Hier liegt die Schubkraft jedes vierbeinigen Tieres. Ein Bulldog leistet 80 % seiner Arbeit über Hüfte und Hinterläufe. Eine lange abfallende Hüfte ist außerordentlich wichtig. Durch ihre Länge erhalten auch Femur oder Oberschenkelknochen ihre Länge. Eine längere Hüfte gibt dem Hund eine leicht aufgewölbte Rückenlinie. Dies ist die Grundlage des so oft geforderten tiefen Rutenansatzes.

Die Hüfte muß breit sein, breite Hüfte und breite Lende gehören zusammen, bieten genügend Oberfläche, um den wichtigen Muskeln des Oberschenkels *biceps femoris,* den stärksten Antriebskräften der Hinterhand des Hundes, Raum zu geben.

Der Oberschenkelknochen - Femur - muß kürzer sein als der Unterschenkel - Tibia - dies bedeutet, daß das Kniegelenk im oberen Drittel der Hinterhand steht. Nicht selten trifft man auf Hunde mit weiter unten liegendem Kniegelenk. Diese wirken aufgrund des größeren *biceps femoris* stärker bemuskelt, sind aber

Die Hündin Poison ist ein Musterbeispiel für den eleganteren American Pit Bull Terrier. Beachte ihren langen, muskulösen Hals.

Der Gesamteindruck des Pit Bull ist der eines muskelstarken Hundes mit einem quadratischen Körperbau.

auf den Hinterläufen, aufgrund des Verlustes der Hebelwirkung durch den zu langen Oberschenkel, bemerkenswert schwach und langsam. Ein kurzer Femur, verbunden mit langer Tibia, bedeutet im allgemeinen gute Kniewinkelung, was wiederum auch zu einer guten Sprunggelenkwinkelung führt. Gerade das Letztere ist für die Standfestigkeit der Hinterhand besonders wichtig.

Wenn der Hund rückwärts gedrängt wird, muß er sich auf die natürliche Federkraft eines gut gewinkelten Sprunggelenks verlassen, so daß das Kniegelenk seine Bewegung kontrolliert. Hunde mit geradem Sprunggelenk - häufig bei den Dibo-gezüchteten Hunden zu beobachten - können sich recht gut auf der Hinterhand halten, solange ihre Muskelkraft ausreicht. Werden sie aber rückwärts gedrückt, ermüden sie viel schneller in der Hinterhand, verlieren bald ihre Stützkraft und Standfestigkeit.

Schaue als drittes auf die Vorhand. Der Pit Bull hat einen tiefen Rippenkorb, oben deutlich gewölbt, seitlich abflachend. Tief und elipsenförmig, ja nahezu schmal - ist gegenüber einem runden, faßförmigen Brustkorb bevorzugt. Im Rippenkorb sind die Lungen gelagert, sie sind nicht nur Vorratsbehälter, sondern Pumpen. Die Rippen wirken wir ein Blasebalg. Dessen Wirksamkeit steht in enger Beziehung zum Volumenunterschied zwischen Expansion und Kontraktion.

Ein Hund mit faßförmigem Brustkorb hat zusätzlich des für seine Größe höheren Gewichtes auch eine Luftpumpe mit kurzem Hub. Um gleiches Luftvolumen einzuatmen, muß er öfter atmen. Ein tiefer Rippenkorb bietet großen Lungen mehr Platz.

Die Schultern müssen etwas breiter stehen als der Rippenkorb im Bereich der achten Rippe. Zu schmale Schultern können keine angemessene Muskulatur haben, aber wenn ein

Muskulatur und Aufbau von Hüftpartie und Hinterläufen sind sehr wichtig, hier entsteht die gesamte Schubkraft der Vorwärtsbewegung.

Der Pit Bull braucht für seine großen Lungen einen tiefen Rippenkorb. Dieser Hund zeigt auch die rassetypisch tief angesetzte Rute.

Hund im Schulterbereich zu breit steht, macht ihn dies langsam, bringt überflüssiges Gewicht. Das Schulterblatt zeigt eine Winkelung von etwa 45 Grad zur Horizontalen, ist breit und flach. Der Oberarm (Humerus) steht in entgegengesetzter Richtung etwa im gleichen Winkel, ist lang genug, so daß die Ellenbogen unter dem Rippenkorb stehen. Die Ellenbogen müssen flach anliegen, der Oberarm bewegt sich parallel zum Brustkorb, darf niemals lose sein, was den breiten Stand des *English Bulldog* bewirkt. Ausgedrehte Schultern sind gegen Verrenkungen wie Brüche verletzungsanfälliger.

Der Unterarm sollte nur etwas länger als der Oberarm sein, kräftig und fest, fast die doppelte Stärke haben wie der Mittelfußknochen unter dem Sprunggelenk. Vorderläufe und Schulterpartie müssen stärksten Belastungen gewachsen sein, bedürfen hierfür einer bestimmten Stärke.

Die Beziehung zwischen Vorder- und Hinterläufen sollte auf den ersten Blick starke Vorderläufe und schlankere Hinterläufe aufweisen. Der Grund hierfür ist, daß gerade für einen athletischen Hund Mittelfußknochen, Sprunggelenk und unterer Bereich des Unterschenkels etwas leichter, feiner und elastischer sein sollen. Die Vorderläufe dagegen sind schwer und wirken kräftig. Ein erfahrener Bulldog-Kenner achtet besonders auf breite Hüfte, Lenden und kräftigen Oberschenkel, wodurch die Hinterhand besonders muskelkräftig wird.

Beim heutigen Pit Bull gibt es in der Kopfform wesentlich ausgeprägtere Unterschiede als bei allen anderen Körperteilen, wahrscheinlich weil die Kopfform mit Sieg oder Niederlage am wenigsten zu tun hatte. Es gibt aber einige Eigenschaften, die für die ursprüngliche Aufgabe Vorteile boten. Zum ersten ist dies die Gesamtgröße. Ein zu großer

Struktur von Kopf, Kiefer und Zähnen führen zu der unglaublichen Kiefernstärke und Beißkraft des Pit Bull.

Kopf bringt zuviel Gewicht, gekämpft wurde immer mit einem Gegner gleichen Gewichts. Ein zu kleiner Kopf würde leicht einem gegnerischen Nasenbeißer, insbesondere einem Ohrbeißer, die Aufgabe sich zu verbeißen erleichtern. Bei einem gut proportionierten Hund beträgt die richtige Kopfbreite ungefähr zwei Drittel der Schulterbreite, ist im Backenbereich etwa 25 % breiter als der Hals am Kopfansatz. Der Abstand vom Hinterhauptbein bis zum Stop sollte etwa genau so groß sein wie der von der Nasenspitze bis zum Stop.

Der Nasenrücken ist kräftig entwickelt, dadurch ist der Bereich unter den Augen beträchtlich breiter als der Kopf am Ohrenansatz. Eine ausgeprägte Tiefe vom Oberkopf bis zum Unterkiefer wird gefordert. Dabei kommt es vor allen Dingen auf den richtigen Ansatz der Muskeln an, welche den Fang schließen. Am wichtigsten ist für den Kieferschluß der temporale *Fossa-Muskel*.

Je tiefer der Kopf in diesem Bereich, umso stärker die Hebelwirkung, erforderlich sowohl für das Schließen des Fangs wie das Festhalten. Ein quadratischer, schachtelähnlicher Fang und kräftig entwickelter Unterkiefer haben nicht allzu viel mit Beißkraft zu tun, sind aber weniger leicht zu verletzen. Starke Belefzung wäre beim Kämpfen besonders gefährdet, ein beträchtlicher Nachteil. Die Zähne müssen sich im Schneidezahnbereich treffen, viel wichtiger ist es aber, daß die Fangzähne ganz eng schließen. Bei geschlossenem Fang stehen die oberen Fangzähne eng hinter den unteren. Von vorne gesehen hat das Auge die Form einer Elipse.

Von oben oder seitlich gesehen wirkt ein solcher Kopf keilförmig, von vorne gesehen

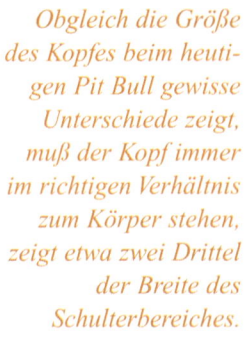

Obgleich die Größe des Kopfes beim heutigen Pit Bull gewisse Unterschiede zeigt, muß der Kopf immer im richtigen Verhältnis zum Körper stehen, zeigt etwa zwei Drittel der Breite des Schulterbereiches.

Abweichend von den meisten Hunderassen sind beim Pit Bull alle Farben oder Farbkombinationen zulässig. Dieser Hund zeigt eine schöne gestromte Farbe.

rund. Die Haut muß dick und locker sein, darf aber nie Falten bilden. Sie muß den Kopf mit Ausnahme der Partien rund um Hals und Brust ganz eng umspannen. An Hals und Brust ist die Haut locker genug, um selbst bei einem Hund in erstklassiger Kondition einige senkrechte Falten zu zeigen.

Der Rutenansatz ist außerordentlich wichtig, muß immer tief liegen. In der Länge reicht die Rute gerade bis zum Sprunggelenk, sie ist am Ansatz dick, läuft spitz aus, sollte im Ruhezustand einem Pumpenschwengel ähnlich herunterhängen.

Die Pfoten sollten klein sein, gut aufgeknöchelt. Der Bewegungsablauf des Hundes ist federnd und leicht.

Die meisten anatomischen Merkmale beziehen sich auf das Skelett des Hundes. Was die Muskulatur angeht, sollte man aus dem Blickwinkel der Züchter in erster Linie auf die genetisch bedingte Muskulatur achten, weniger auf Muskulatur durch Konditionstraining. Ein genetisch kraftvoller Hund kann auch in den Händen eines ungeschickten Trainers gewinnen, ein genetisch schwacher Hund braucht aber für den Sieg einen erfahrenen Trainer. Alleine Konditionstraining reicht hierfür bei weitem nicht aus.

Sieh in den Knochen die Hebel, in den Gelenken den Dreh- oder Stützpunkt, in der Muskulatur die Antriebskraft. Die auf den Hebel treffende Antriebskraft ist umso wirksamer, je weiter weg vom Drehpunkt sie ansetzt.

Die Muskeln müssen lang sein, tief unterhalb des Knochens angelegt, ein ganzes Stück vom Gelenk entfernt. Kurz bemuskelte Hunde sind für das Auge eindrucksvoll, aber keine Athleten. Der Wert der Muskelkraft liegt in ihrer Fähigkeit, sich zusammenzuziehen. Je größer der Unterschied zwischen dem entspannten und dem angespannten Stadium, umso größer die Kraft.

Das Fell ist in jeder Farbe und jeder Farbkombination zulässig. Es sollte kurz und hart sein. Im allgemeinen spiegelt das Fell die Gesundheit des Hundes, für den athletischen Pit Bulldog besonders wichtig.

In allererster Linie ist der American Pit Bull Terrier ein Allround-Athlet. Sein Körper ist für Schnelligkeit, Kraft, Beweglichkeit und Ausdauer anatomisch gebaut. Er muß in jeder Hinsicht ausgewogen sein. Zuviel des Einen beraubt das Andere. Dieser Hund ist kein vom menschlichen Spezialisten geformtes Modell, sondern die siegende Verkörperung einer Kampfmaschine - und trotzdem wunderschön!

*Das Fell von Sinbad ist
ein Beispiel der Farbe
»blue merle«, beim Pit
Bull sehr selten.*

Beim Beurteilen des Amerian Pit Bull Terrier stehen hundert Punkte für den idealen Hund. Nachstehende Gewichtung ist üblich:

Allgemeine Erscheinung	20 Punkte
Haltung des Hundes	10 Punkte
Kopf und Hals	15 Punkte
Frontpartie	20 Punkte
Hintere Partie	30 Punkte
Rute und Fell	5 Punkte
Gesamtzahl	100 Punkte

DIE RICHTIGE AUSWAHL

Ehe Du Dir einen American Pit Bull Terrier zulegst, bedarf es gründlicher Planung. Am Wichtigsten mußt Du erkennen lernen, wie man einen guten Hund von einem schlechteren unterscheidet. An erster Stelle steht das Wesen. Du könntest den allerschönsten Hund der ganzen Welt besitzen, wenn er sich selbst vor seinem Schatten fürchtet, wirst Du dieses Hundes schnell überdrüssig werden. Das Gleiche gilt für übermäßig aggressive Hunde. Niemand möchte einen Hund, der bei allem, was sich bewegt, Aggressionen zeigt. Andernfalls gehörte ein solcher »Hunde-Liebehaber« in psychiatrische Behandlung! Ein Hund sollte freundlich sein, selbstbewußt, ein Hund, der sich freut, Dich auch als Fremden zu begrüßen. Dein Hund sollte bei lauten Geräuschen weder am Boden kauern noch Aggressivität zeigen. Ein ganz klein wenig Zurückhaltung ist normal, wird aber immer schnell von der Neugier besiegt. Ein gutes Beispiel ist ein mir bekannter Züchter, er arbeitete im Hof, die Welpen ringsum. Während er ein Werkzeug auf den Zementboden fallen ließ, beobachtete er die Welpen genau. Einer der Welpen lief direkt auf den Lärm zu, ohne ein Anzeichen von Ausweichen. Die übrigen Welpen zeigten sich durch das Geräusch erschrocken, gingen dann aber neugierig hin, um zu sehen, was diesen Lärm auslöste. Der aggressivere Welpe ging an einen Besitzer, der diesen Hund vorwiegend als Wachhund, weniger als Familienhund haben wollte.

Bei der Auswahl nach der äußeren Erscheinung gibt es große Unterschiede, ob Du Dir einen ausgewachsenen Hund oder einen Welpen kaufst. Beim erwachsenen Hund entscheidest Du nach dem im vorausgehenden Kapitel geschilderten Standard und den einzeln dargestellten Merkmalen. Beim Welpen solltest Du Dir nach Möglichkeit die Eltern und andere Erwachsene ähnlicher Zucht ansehen. Pit Bull-Welpen gehen im Entwicklungsstadium manchmal durch Übergangsstadien, in denen sie oft unregelmäßig wachsen, die gewünschten Merkmale des erwachsenen Hundes wenig zeigen. Beispielsweise können die Ohren riesig aussehen, ziemlich jagdhundeartig, solange die Welpen jung sind. Der Kopf des Erwachsenen sollte aber so ausgefüllt sein, daß diese Ohren gut passen.

Du solltest Dir auch darüber im klaren werden, ob Du lieber einen Rüden oder eine Hündin möchtest. Rüden werden im allgemeinen größer als Hündinnen, achte aber darauf, daß es bei dieser Rasse starke Größenunterschiede gibt. In anderen Hunderassen verkörpern Rüden häufig

Wie trifft man hier die richtige Wahl? Diese Reihe bezaubernder Pit Bull-Welpen macht die Entscheidung schwierig!

Gerade Pit Bull-Jungtiere haben einen »Welpencharme«, dem man nur schwer widerstehen kann.

den Rassestandard mehr als Hündinnen, beim American Pit Bull Terrier ist der Unterschied weniger groß. Hündinnen sollen schneller stubenrein werden. Wenn Du keinen Garten hast, den Hund immer ausführen mußt, wenn er sich lösen möchte, solltest Du wissen, daß Hündinnen in der Regel ihre Blase schon beim einmaligen Urinieren entleeren. Rüden brauchen hier immer mehrere Stellen, ehe sie sich wirklich entleert haben. Dies mag auf den ersten Blick recht unbedeutend erscheinen. Warte aber einmal ab, bis es stark regnet oder schneidend kalt ist!

WELPE ODER AUSGEWACHSENER HUND

Auch hier bedarf es einer klaren Entscheidung. Zu den Vorteilen bei einem ausgewachsenen Hund gehören, daß Du den Hund genauso siehst, wie er voraussichtlich sein ganzes Leben lang sein wird. Er zeigt sich so, wie er genetisch bestimmt ist. Dies ist auf Anhieb bei einem Welpen nicht möglich. Und ausgewachsene Hunde brauchen meist auch nicht mehr zur Stubenreinheit erzogen zu werden. Ein erwachsener Hund kann auch schon auf Unterordnung erzogen sein, ist gegen eine ganze Menge an Herumtoben und Lärm von Kindern im Vergleich zu einem Welpen wesentlich widerstandsfähiger. Zuweilen sind ausgewachsene Hunde auch kastriert. Beim erwachsenen Hund erkennt man leichter, ob es irgendwelche Aggressionsprobleme gegenüber Menschen oder Tieren gibt. Dies alles herauszufinden dauert beim Welpen immer längere Zeit, läßt sich dabei aber auch nachhaltig beeinflussen.

Auf der anderen Seite wiederum kann ein ausgewachsener Hund auf eine Art erzogen sein, die Du gar nicht magst. Beispielsweise könnte er gelernt haben, beim Spazierengehen zu ziehen, vielleicht durfte er auf die Möbel springen, am Tisch betteln und einiges andere.

Zuweilen ist es gar nicht leicht, solche Gewohnheiten zu ändern. Damit will ich aber nicht sagen, daß dies unmöglich sei. Natürlich muß man beim erwachsenen Pit Bull auch das Alter des zu kaufenden Hundes sehen. Ein gesunder Pit Bull wird etwa zehn bis fünfzehn Jahre alt. Ich habe auch schon Hunde gesehen, die fast zwanzig wurden. Das ist aber die extreme Ausnahme.

Einer der entscheidenden Gründe, weshalb Hundefreunde Welpen kaufen, ist der Charme so kleiner Hunde! Es gibt überhaupt nichts Süßeres! Den Welpen kannst Du *bei Dir zu Hause* großziehen, er lernt *Deine Gewohnheiten*. Der Welpe gewöhnt sich in die gesamte Familienroutine ein, kennt von Beginn seines Lebens dann auch seine Stellung in der Familie. Beim Welpen weißt Du, wie er erzogen und sozialisiert wurde, kennst auch traumatische Ereignisse, die in dieser Zeit eintreten, sein späteres Leben beeinflussen könnten. Wurde beispielsweise einem jungen Hund vom Postboten eine Pfefferlösung ins Gesicht gesprüht, könnte er durchaus weiter Fremde mögen - solange sie keine blaue Uniform tragen und in keinem gelben Auto fahren! Wenn Du die gesamte Lebensgeschichte eines Hundes kennst, vermagst Du sehr viel leichter herauszufinden, was Deinen Hund furchtsam oder aggressiv gemacht hat.

Ein süßer, kuscheliger und verspielter Welpe kann für die Zukunft eine ganze Menge Arbeit bedeuten! Als erstes muß der Welpe erzogen, mit anderen Tieren wie neuen Menschen sehr gut sozialisiert werden. Die Erziehung zur Stubenreinheit könnte Deinen normalen Tagesablauf beeinflussen. Ein Welpe verfügt noch über wenig Kontrolle von Blase und Darm, deshalb muß er häufig nach draußen geführt werden. Entsprechend muß dann der Morgenkaffee warten, bis der Welpe seinen ersten Spaziergang im Garten hinter sich hat.

Wenn Du die Arbeit mit dem Stubenreinmachen des Welpen nicht möchtest, könnte die Wahl eines ausgewachsenen Hundes angenehmer sein.

In ein Gesicht wie dieses verliebt man sich sehr schnell. Du solltest aber sicher sein, daß Du nicht aus einer Laune heraus Dich für einen Welpen entscheidest.

Natürlich wird man auch jeden Tag früh aufstehen, so daß der Welpe sich nach seinem eigenen Tagesablauf entwickeln kann.

Welpen kauen! Aus irgendwelchen Gründen verabscheuen Welpen zuweilen ausgefeilte, gut durchdachte und teure Spielzeuge, bevorzugen bei weitem, den Tisch anzunagen. Durch vernünftige Überwachung lassen sich solche Schäden auf ein Minimum reduzieren, trotzdem mußt Du *einigen Schaden* erwarten, bis dieses Stadium vorüber ist. Viele Zoofachgeschäfte führen bitter schmeckende Flüssigkeiten, mit denen man die Bereiche, welche die Welpen nicht ankauen sollten, einsprüht oder einreibt - aber aus irgendwelchen Gründen scheinen diese dann den Welpen besonders zu schmecken.

Welpen und Junghunde verfügen über viele genetische Merkmale, die sich erst beim erwachsenen Hund zeigen. Dabei kann es sich zuweilen nur um einen ganz kleinen Fehler handeln, wodurch sie als erwachsener Hund nicht voll dem Standard entsprechen; es kann sich aber auch um ernsthafte Gesundheitsschäden handeln, die sich erst im späteren Leben zeigen. Beim Pit Bull sind allerdings genetische Erkrankungen ziemlich selten. Daß in dieser Rasse Erbkrankheiten nicht häufig auftreten, beweist die Tatsache, daß einige Züchter schon über lange Zeit ohne negative Folgen Inzucht betreiben.

DER RICHTIGE ZÜCHTER

Hast Du jetzt herausgefunden, was Du genau willst, solltest Du Dir über Deine Anforderungen an einen guten Züchter klar werden. Oft haben Züchter beide Elterntiere in ihrem Besitz, einige sogar auch die Großeltern. Beim Züchter findest Du noch weitere Hunde seiner Zucht, die Du Dir genau ansehen solltest. Dies ist der beste Weg, um genau herauszufinden, wie sich Dein Welpe voraussichtlich auswächst. Es gibt auch Züchter, die auf Welpen eine Gesundheitsgarantie abgeben. Laß Dir genau die Abstammungspapiere der Hunde zeigen, die Eintragung der Elterntiere in den USA und - hoffentlich bald - analoge Eintragung bei einem verantwortungsbewußten Verein hier in unseren Ländern.

Beim Zwingerbesuch sollten Pit Bull-Welpen unbefangen auf den Besucher reagieren. Pit Bulls begegnen Fremden offen, lieben es sehr, gestreichelt zu werden.

Achte auf gute Unterbringung der Welpen und daß alle Hunde sauber und gesund sind, sehr gut gepflegt und betreut werden.

Du kannst den Züchter durchaus um Referenzen bitten. Nimm Kontakt mit den Hundefreunden auf, die vom gleichen Züchter ihre Hunde kauften, frage, wie sie bereut wurden, insbesondere wie sich ihre Hunde entwickelten. Jeder Züchter wird Dir immer versichern, wie vorzüglich seine Hunde und er selbst sind. Viel besser ist es aber, wenn das Lob von seinen bisherigen Abnehmern stammt.

Erkundige Dich, wann die Welpen geimpft und entwurmt wurden, Bestätigungen sollten vorhanden sein. Wenn nicht, solltest Du Dir möglicherweise Deinen Hund irgendwo anders kaufen. Frage auch genau, wie die Welpen bisher aufgezogen wurden. Viele gute Hunde wurden schon durch Isolation im Zwinger für ihr ganzes Leben ruiniert. Die Folgen davon kann man zuweilen bessern, das braucht aber viel Zeit und Geduld. Gute Züchter wissen genau, wie sie ihre Welpen richtig sozialisieren, so daß sie keinerlei Angst zeigen, wenn sie ihren Zwinger verlassen und neue Menschen treffen.

Beim Besuch des Züchters solltest Du genau darauf achten, wie er seine Hunde hält. Sind die Hundezwinger und Ausläufe sauber, in gutem Zustand? Haben die Hunde einen sicheren Auslauf, werden sie auch ausreichend bewegt? Sehen die Tiere gesund und gepflegt aus? Frage, ob Du die ausgewachsenen Hunde anfassen kannst. Wie reagieren sie auf Deine Anwesenheit? Alle Hunde sollten freundlich sein, Dich fröhlich begrüßen, sich unbefangen streicheln lassen. Schaue Dir die erwachsenen Hunde sehr genau an, frage Dich, ob Dein Hund einmal genauso aussehen soll.

Ein guter Züchter sollte immer bedacht sein, die Qualität der Rasse zu wahren, nach Möglichkeit durch seine Welpen noch zu verbessern.

*Paßt ein ausgewachse-
ner Hund besser zu
Deinen Lebensver-
hältnissen, findest Du
häufig gute erwachse-
ne Pit Bulls über
Züchter oder auch
Organisationen, die
Hunde in Not
betreuen.*

Auch die Züchter werden Dir wahrscheinlich viele Fragen stellen, genauso wie sie Deine Fragen beantworten. Dies ist ein gutes Zeichen. Es beweist, daß sie sich sehr dafür interessieren, ob ihr Welpe ein gutes Zuhause finden wird. Sei dem Züchter gegenüber ehrlich und offen, dann kann er Dir auch den Welpen empfehlen, der sich am besten für Dich und Deine Umwelt eignet. Es sollte sich zwischen Dir und dem Züchter eine gute Beziehung aufbauen. Züchter können Dir eine Fülle an Informationen über die einzelnen Merkmale Deines Hundes geben, welche Veränderungen zu erwarten sind, wenn der Hund heranreift. Außerdem können sie vielleicht Tierärzte und Erzieher empfehlen, die in Deinem Gebiet leben und arbeiten. Wahrscheinlich kennt der Züchter auch Zuchtvereine in der Umgebung. Es ist immer gut, wenn man in nächster Nähe einige gut informierte andere Liebhaber des Pit Bull Terrier kennt.

*Diese hübsche Gruppe von Pit Bulls zeigt die
vielfältigen Farbvariationen der Rasse.
Welche gefällt Dir am besten?*

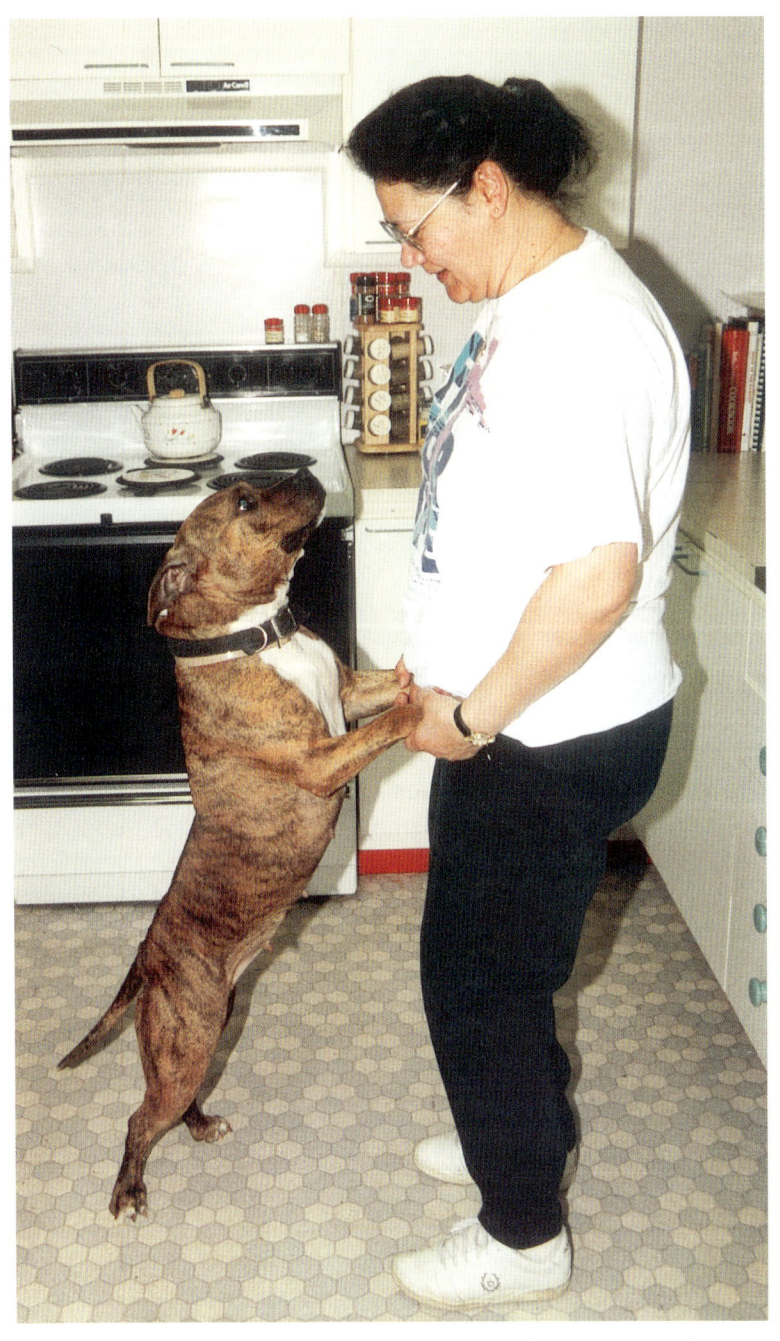

Das Wichtigste bei der Auswahl eines Pit Bull ist, sich einen Lebensgefährten und Spielkameraden zu sichern, der über viele Jahre Glück ins Haus bringt.

Stabile Kauknochen eignen sich für kräftige Hunde wie den Pit Bull besonders. Bei Welpen kann man möglicherweise eine etwas weichere Qualität wählen, die sich für die Welpenzähne besser eignet.

Die Kosten bei einem guten Züchter können durchaus etwas höher liegen als bei irgendwelchen in der Zeitung angebotenen Gelegenheitskäufen. Wenn Du aber - besonders als Erstbesitzer von Pit Bulls - die Vorteile bedenkst, dann kann sich der höhere Preis durchaus lohnen. Es gibt Züchter, die verlangen für Ausstellungshunde und reine Familienhunde verschiedene Preise. Was den Familienhund vom Ausstellungshund trennt, sind in aller Regel wenige körperliche Merkmale. Zuweilen handelt es sich nur um die Farbe der Nase oder die Länge der Ohren. Wenn Du Deinen Hund weder ausstellen noch mit ihm züchten willst, dann solltest Du durchaus auch *pet quality* in Betracht ziehen, insbesondere wenn Deine finanziellen Mittel etwas beschränkt sind. Welpen von *pet quality* werden durchaus gute Familienhunde, mit solchen Hunden sollte man aber keinesfalls züchten! Manche Züchter verlangen bei der Abgabe von *pets*, daß diese später kastriert werden. Dies ist eine Erscheinung, die wir aber nur aus den USA kennen.

Vorsicht bei Züchtern, die Dir einen Welpen als *Gelegenheitskauf* anbieten; sie verlangen dabei in aller Regel, daß mit dem ausgewachsenen Hund gezüchtet wird, dann ein großer Teil oder alle Welpen an ihn zurückgehen. Es ist unmöglich, genau zu wissen, wie ein Welpe sich auswächst. Selbst in den besten Linien findet man durchaus Welpen, die sich später für die Zucht nicht eignen. Gerade Züchter, die solch einen *Gelegenheitskauf* anbieten, sind meist mehr an Geld interessiert als die besten Pit Bulls zu züchten. Wird Dir bei einem Welpen ein solches Angebot gemacht, empfiehlt es sich nachhaltig, sich einen anderen Züchter zu suchen.

Du wirst immer wieder auf Züchter treffen, die auch ausgewachsene Hunde zu derartigen Bedingungen anbieten. Viele Züchter versuchen, mit ihrem Zuchtprogramm voranzukommen, haben aber zu wenig Platz, um genügend erwachsene Hunde zu halten. Sie suchen

dann für ihre Hunde ein gutes Zuhause in einer Familie, möchten aber gleichzeitig mit dem Hund ihr Zuchtprogramm verbessern. In den USA findet man immer wieder Eintragungen, wonach die Elterntiere im gemeinsamen Besitz von Züchter und Eigentümer stehen. Ich selbst befinde mich heute auch in einer solchen Situation. Meine Pit Bull-Hündin ist gerade beim Züchter, um dort ihren Wurf zu gebären. Wenn der Wurf dort entwöhnt ist, kommt sie zu uns zurück. Ich empfehle eine solche Lösung aber niemandem, der neu zur Rasse kommt, schon gar nicht Hundeerstbesitzern. Solche Vereinbarungen sollte man nur treffen, wenn man den Züchter außerordentlich gut kennt. Solltest Du dennoch einen Hund auf diese Art kaufen, treffe klare Vereinbarungen, was passieren soll, wenn Du in ein anderes Gebiet ziehst, der Hund vorzeitig verstirbt u.s.w. Aber im Grundsatz - bezahle für Deinen Hund einen fairen Preis und entscheide alleine, was künftig mit ihm geschehen soll!

Von Zeit zu Zeit findet man auch Verkaufsanzeigen in der Tagespresse. Manchmal lohnt es sich durchaus, einmal vorbeizuschauen. Züchter, die nur einmal einen Wurf züchten, geben derartige Anzeigen auf. Du mußt sie aber genau nach den gleichen Maßstäben beurteilen wie andere Züchter, selbst wenn sie nur einen Hund besitzen. Wenn Du einen Welpen kaufst, solltest Du Dir auch in solchen Fällen beide Elterntiere ansehen. Natürlich gibt es Fälle, wo man nur die Mutterhündin mit ihren Welpen antrifft. Frage genau, wo Du Dir den Vater ansehen kannst. Die Mutter trägt immer nur die Hälfte zur Vererbung bei, den Vater sich anzusehen ist genauso wichtig wie die Mutter. Meide unbedingt Anzeigen, die schon durch ihren Text Ärger ankündigen. Ich denke an Anzeigen, wo Riesengröße, schwere Knochen, erstklassige Wachhundeigenschaften u.a. hervorgehoben werden. Wer solche Anzeigen aufsetzt, weiß offensichtlich wenig über die Rasse.

Man sollte auch einmal mit dem Tierarzt sprechen, ob er einen Züchter kennt, der gute Hunde verkauft. Tierärzte kennen oft verantwortungsbewußte Hobby-Züchter, auch Rettungsorganisationen in dem entsprechenden Bereich. Solche Hilfseinrichtungen haben häufig ausgewachsene Hunde und Junghunde, die ein neues Zuhause suchen. Viele Tierheime in den USA lassen bedauerlicherweise eingelieferte Pit Bulls eher einschläfern als sie wieder in ein neues Haus zu vermitteln. Dies ist glücklicherweise beim verantwortlichen Tierschutz in den deutschsprachigen Ländern nicht der Fall. Das Problem bei diesen Hunden besteht darin, daß man in der Regel bei einem Pit Bull in einer Rettungsstation wenig Hintergrundinformationen bekommen kann. Viele der Hunde haben auch keine Papiere oder sonstigen Abstammungsnachweis. Einige Tierheime kastrieren alle Hunde, ehe sie diese wieder abgeben, damit sparst Du Dir eventuelle eigene Ausgaben. Wenn Du nicht

Jeder Hund braucht eine feste Wasserschüssel, möglichst aus rostfreiem Stahl. Pit Bulls verwenden sie meist nicht nur zum Trinken, sondern auch als Lieblingsspielzeug.

züchten willst, kann dies nur ein Vorteil sein.

Eine Klarstellung, Eintragungspapiere besagen im Grundsatz einfach, daß die Tiere bei irgendeiner Stelle eingetragen wurden. Solche Eintragungspapiere brauchst Du, wenn Du selbst wieder Welpen eintragen lassen, Deinen Hund auf Ausstellungen zeigen willst. Ahnentafeln sind nichts anderes als Abstammungsurkunden - Voraussetzung ist aber immer, daß der Aussteller auch zuverlässig ist. In vielen Ländern kann man Ahnentafel-Formulare im Geschäft kaufen, diese werden dann vom Züchter selbst ausgefüllt. Der einfache Besitz einer *Ahnentafel* bedeutet damit in keiner Weise, daß der Hund wirklich bei einer verantwortungsvollen Zuchtbuchstelle eingetragen wurde. Schaue Dir jede *Ahnentafel* sehr genau an!

VORBEREITUNGEN AUF DEN WELPEN

Ehe Du Deinen Hund nach Hause bringst, gibt es einige Dinge, die Du besorgen mußt. Du brauchst ein kräftiges Halsband und eine starke Leine. Pit Bulls sind für ihre Größe unglaublich kraftvoll, inbesondere ausgewachsene Hunde. Aus diesem Grund lohnt es sich immer, eine stark belastbare Leine und ein entsprechendes Halsband zu kaufen. Es gibt Hersteller, die Ausrüstungen eigens für den Pit Bull herstellen. Du findest sie auch auf Hunde-

Breite, feste Halsbänder werden eigens für kräftige Hunde wie den Pit Bull angefertigt.

46

ausstellungen und beim Zoofachhandel. Es gibt auch kräftige, geflochtene Leinen aus robusten Fasern, sie haben schwere Karabiner und eignen sich gut für den Pit Bull.

Du brauchst sowohl Futterschüsseln wie Wasserschüsseln. Wenn Dein Hund über längere Zeiten draußen im Zwinger gehalten werden soll, ist es immer richtig, schwere Schüsseln aus rostfreiem Stahl zu kaufen. Viele sich langweilende Pit Bulls haben schon ihre Schüsseln wie Kauspielzeug angekaut. Es ist nicht nur teuer, ständig Plastikschüsseln neu zu kaufen, viel schlimmer ist, daß große Plastikstücke heruntergeschluckt, zum Tode des Hundes führen könnten. Es gibt auch Pit Bull Terrier, die versuchen Schüsseln aus rostfreiem Stahl anzukauen. Achte darauf, greife erzieherisch ein. Auf diese Art könnten sie ihre Zähne schädigen, wenn sie die Schüsseln durchstoßen, an diesen Stellen auch den Fang verletzen.

Wenn wir gerade von Kauspielzeug sprechen, sicher brauchst Du einiges für Deinen neuen Pit Bull. Es gibt verschiedene Qualitäten auf dem Markt, die sich bei den meisten Hunderassen bewähren. Wiederum mußt Du aber daran denken, daß der Pit Bull besonders kräftige Zähne hat. Deshalb solltest Du die besten und zähesten angebotenen Hundekauknochen für Deinen Pit kaufen. Wähle dabei immer große Kaustücke. Einige Hersteller haben sich darauf spezialisiert, Kauknochen anzubieten, die besonders widerstandsfähig sind. Informiere Dich beim Fachhandel. Fest steht, Pit Bull können das meiste Standard-Kauspielzeug in sehr kurzer Zeit zerkauen. Denke an die Gefahr, daß größere Stücke des Spielzeugs verschluckt werden, entweder im Hals stecken bleiben könnten oder zu einer Blockade im Verdauungstrakt führen. Aus diesem Grunde solltest Du Deinem Junghund auch keinen alten Socken oder Schuhe als Spielzeug geben. Richtig, es gibt einige Hundebesitzer, die dies besonders gerne tun - damit fordert man aber geradezu das Unglück heraus. Hinzu kommt noch etwas Wichtiges - für den Hund wäre es außerordentlich schwierig, genau herauszufinden, welche Socken und Schuhe er ankauen darf, welche dagegen tabu sind, da sie noch gebraucht werden.

Erkundige Dich, was Dein neuer Hund bisher als Futter bekam, beschaffe Dir diese Marke, noch ehe der Hund ins Haus kommt. Die Umstellung bringt immer einigen Streß. Kommt dann noch ein anderes Futter hinzu, könnte dies wirklich den Magen des Hundes durcheinander bringen. Auch anderes Wasser im neuen Zuhause könnte beim Hund leichten Durchfall auslösen, die Erziehung zur Stubenreinheit erfordert zunächst einige Geduld. Erkundige Dich auch, welche Leckerbissen zur Belohnung gegeben wurden, auch diese solltest Du Dir besorgen.

Es empfiehlt sich immer, einen stabilen Hundekäfig zu kaufen. Dieser muß groß genug sein, daß der Hund darin stehen und sich drehen kann. Hundekäfige sind eine fantastische Hilfe bei der Erziehung zur Stubenreinheit, ebenso bewähren sie sich auf Reisen.

Der Pit Bull geht durch verschiedene körperliche Entwicklungsphasen, verliert seinen »Babyspeck«, wächst sich zu einem schlanken, muskulösen Hund aus.

Du wirst auch bald feststellen, daß Du zeitenweise Deinen Pit Bull über kurze Zeit einsperren mußt. Manche Besucher mögen keine Hunde, Handwerker oder der Gasmann oder Stromableser könnten Dich bitten, während ihres Besuches den Hund einzusperren. Es ist für sie beruhigender den Hund im Käfig zu wissen, anstatt nur von Dir festgehalten, oder in ein anderes Zimmer gebracht.

Einer der ersten Besuche mit Deinem Hund ist die Tierarztpraxis. Vergiß nicht Impf- und Entwurmungszertifikate mitzunehmen. Wenn Du Dich früh genug auf den Weg zum Tierarzt machst, könntest Du möglicherweise auch noch eine Stuhlprobe aufsammeln, die auf Würmer untersucht werden könnte. Es empfiehlt sich, den neuen Hund zum Tierarzt zu bringen, wenn er gerade weder krank ist noch geimpft werden muß. Hat Dein Hund hier immer nur etwas unangenehme Erlebnisse, könnte er eine Abneigung gegen die Tierklinik entwickeln. Glaube mir, ein nervöser Pit Bull im Wartezimmer macht im allgemeinen auch die anderen Hunde sehr unruhig!

Mit dem Heranwachsen verändert ein Junghund mehrfach sein körperliches Aussehen. Als Welpe wirkt er rund und plump, seine Ohren sind häufig länger als der Kopf. Junghunde haben recht lange Wachstumsphasen, wirken häufig sehr unfertig und unharmonisch. Möglicherweise erscheinen die Läufe sehr lang, der Kopf etwas schmal. Im allgemeinen sind junge Pit Bulls zwischen acht Monaten und einem Jahr ziemlich schlaksig, danach entwickeln sich erst die kraftvollen Muskeln. Sowohl Kopf wie Hinterläufe füllen sich aus. Besonders stark wächst die Kiefer- und Backenmuskulatur. Selbst Pit Bulls, die sehr wenig Bewegung haben, entwickeln eine überraschend kräftige Muskulatur.

Wenn der Junghund heranwächst, treten zuweilen Anzeichen von Aggression gegenüber anderen Hunden auf. Dies muß von Anfang an korrigiert werden, wenn man den Hund unter Kontrolle behalten möchte. Sozialisiere Deinen Junghund bei jeder Gelegenheit! Nimm ihn mit in den Park, mache mit ihm gemeinsame Spaziergänge oder Picknicks, laß ihn Dich auch zum Angeln begleiten. Dies ist nicht nur für Deinen Hund gut, vielmehr ist ein gut erzogener Pit Bull in der Öffentlichkeit immer für das Ansehen der Rasse wichtig. Ein guter Hinweis - frühzeitiges Sozialisieren verhindert *nicht bei jedem Pit Bull* Auftreten von Aggression gegenüber Hunden. Wenn man den Hund aber nicht frühzeitig sozialisiert, sind solche Probleme nahezu garantiert.

HALTUNG UND PFLEGE

Sprechen wir über die richtige Fütterung Deines Pit Bulls. Zu jeder Zeit muß er Zugang zu frischem Wasser haben. Allerdings sollte man besonders bei einem Welpen darauf achten, daß er nicht zuviel auf einmal trinkt. Gerade Welpen trinken zuweilen exzessiv, was sie stark aufbläht. Deshalb sollte man Welpen immer nur zur Fütterungszeit Wasser geben. Dies unterstützt auch gleichzeitig die Erziehung zur Stubenreinheit.

Es gibt eine Fülle industriell hergestellter Hundefutter. Berate Dich mit dem Züchter oder Tierarzt, achte auf ihre Empfehlung. Wenn Dir das vorgeschlagene Futter zu teuer erscheint, solltest Du dies offen sagen. Du wirst sehr überrascht sein, wie teuer einige Spezialhundefutter sind! Überprüfe auch mit dem Tierarzt die Frage von Vitaminergänzungen. Dabei muß der Tierarzt wissen, welches Futter vorgesehen ist, wenn erforderlich, schlägt er Ergänzungsstoffe vor. Vorsicht! Komplettfutter sollten in aller Regel ohne irgendwelche Ergänzungsstoffe verfüttert werden, zuviel ist ebenso schädlich wie zu wenig. Eine weitere Warnung: füttere Deinen Junghund immer nur aus der Schüssel, sonst lernt er das Futterbetteln. Dies hilft auch bei der Erziehung, daß Hunde nicht an anderen Stellen schädliche Futterstoffe aufnehmen. Der Hund muß Futterschüssel und Fressen eng miteinander verbinden. Nur kleine Leckerbissen als Erziehungshilfe bilden die Ausnahme.

Persönlich besaß ich tatsächlich einen Hund, der über sein ganzes Leben ausschließlich Futter nur aus seiner Schüssel nahm. Einmal hatte ich ein Sandwich auf dem Frühstücks-

Ausgewogene Ernährung hält Deinen Pit Bull gesund, voller Energie, schlank und muskulös.

Du solltest Dir vom Züchter Deines Hundes oder vom Tierarzt einen ausgewogenen Futterplan für Deinen Hund aufstellen lassen.

tisch liegen lassen, beantwortete einen Anruf. Der Hund schaute auf das Sandwich, schnüffelte daran und ging weiter. Eine wahre Geschichte! Dann gab ihm aber mein Schwiegervater einige Essensreste vom Tisch, damit war die Wohlerzogenheit zu Ende. Von da an suchte er jede Gelegenheit, *Menschennahrung* zu ergattern, bis zum Öffnen des Kühlschranks! Er verputzte daraus Fleisch, Käse und Tortillas.

Junghunde unter vier Monaten erhalten täglich mehrmals kleinere Mahlzeiten. Ich weiß, daß viele Hundebesitzer *frei füttern*, darunter verstehen sie, daß sie soviel Futter auf den Boden stellen, daß die Welpen jederzeit fressen können. Das macht natürlich die Fütterung für den Menschen einfacher, steht aber sicherlich nicht im wohlverstandenen Interesse des Hundes.

Zwei Gesichtspunkte sprechen gegen solch *freies Füttern*. Vor allem weißt Du nie, wieviel und wann Dein Junghund gefressen hat. Erkrankt beispielsweise der Hund an Parvovirose, muß er so schnell wie möglich zum Tierarzt gebracht werden. Parvovirose tötet einen kleinen Hund bereits innerhalb von etwa 48 Stunden. Um sein Leben zu retten, muß der Hund auf schnellstem Wege in tierärztliche Behandlung. Erstes Anzeichen für diese Erkrankung ist Appetitverlust. Wenn aber die Futteraufnahme nicht regelmäßig kontrolliert wird, kannst Du auch nicht beurteilen, wieviel der Hund frißt. Gibst Du aber den Junghunden immer nur kleine Mahlzeiten, bist beim Fressen dabei, weißt Du sofort, wenn Appetitverlust auftritt. Bei unerklärlichem Appetitverlust sollte man das Jungtier so schnell wie möglich dem Tierarzt vorstellen. Besonders wenn Du Deinen Hund auf öffentlichen Plätzen ausführst, wo es viel *Hundeverkehr* gibt, ist die Wahrscheinlichkeit, eine bösartige Viruserkrankung aufzuschnappen, stark erhöht.

Zum Zweiten - füttert man einem Junghund mehrere kleine Mahlzeiten am Tag, hält ihn dies davon ab, sich den Bauch vollzuschlagen. Junge Hunde versuchen meist, alles Futter, daß man ihnen hinstellt - gleich wie viel - zu verputzen. Dies bläht den Junghund auf, läßt ihn möglicherweise erbrechen oder löst Durchfall aus. Dies alles hilft keinesfalls dabei, den Hund zur Stubenreinheit zu erziehen. Es läßt sich leicht beurteilen, wann ein Welpe genug gefressen hat, man wartet neben dem Hund, verläßt er die Futterschüssel, wird der Rest weggenommen. Läßt man die Schüssel auf dem Boden stehen, kommt er mit Sicherheit zurück und frißt wieder. Jetzt lernt er aber, daß das Futter ihm weggenommen wird, deshalb wird er stets das Nötige fressen, nicht von der Schüssel weglaufen. Läßt man das Futter immer herumstehen, kehrt der Hund laufend zurück, frißt häufig zu viel.

In einem Alter zwischen vier und sechs Monaten wird die tägliche Fütterung auf drei Mahlzeiten reduziert. Unverändert verfüttert man wie zuvor Welpenspezialkost. In dieser Altersstufe wachsen Welpen sehr schnell, sind recht aktiv. Würde man jetzt bereits weniger als dreimal täglich füttern, wäre der Welpe vor jeder kommenden Mahlzeit zu hungrig. Unverändert haben Welpen in diesem Alter die Neigung, sich zu überfressen. Auch jetzt wird die Futterschüssel nur so lange auf den Boden gestellt, bis der Welpe wegläuft, dann aufgenommen, zur nächsten Fütterungszeit erneut angeboten.

Ab sechs Monaten wird der Junghund bis zum Ausgewachsensein nur noch zweimal täglich gefüttert. Es besteht heute auch, wenn die Schutzimpfungen zum richtigen Zeitpunkt durchgeführt wurden, mit Sicherheit keine Virus-Ansteckungsgefahr. Der Hund kann deshalb stärker belastet werden.

Man sollte durchaus weiterhin Welpen-Spezialnahrung anbieten. Am besten befragt man den Tierarzt und den Züchter des Hundes nach irgendwelchen Ergänzungsstoffen, verfüttert diese aber nur dann, wenn sie in diesem Lebensabschnitt wirklich etwas Positives bringen.

Ist der Junghund ein Jahr alt geworden, könnte auf Wunsch die Fütterung auf einmal täglich umgestellt werden, dies ist aber eine Frage der freien Entscheidung. Wenn Dein Pit Bull sehr aktiv ist, braucht er sicherlich einiges mehr an Futter als ein *Sofarutscher*. Den Winter über sollte man durchaus den Hund etwas schwerer halten, insbesondere wenn er sich viel im Freien aufhält. Etwas mehr Gewicht hält den Hund wärmer. Kommt der Hund viel nach draußen, sollte man seiner Nahrung auch etwas Fett - am besten ein gutes Sonnenblumenöl - beigeben. Den Sommer über hält man Hunde nach Möglichkeit schlanker, dann vertragen sie auch die Hitze besser. Im richtigen Futterzustand zeigt ein Pit Bull deutlich seine Muskulatur, auch zeichnen sich die hinteren Rippen deutlich ab. Zuweilen bemängeln Pit Bull-Fans, ein schwerer Hund sei *slick*. Damit bringen sie zum Ausdruck, daß für ihren Geschmack zu wenig Rippen zu erkennen sind, das Fell ihnen zu glatt, einem Seehundfell ähnlich erscheint.

Beim Autoreisen mit dem Pit Bull empfiehlt es sich, im Auto immer frisches Wasser und Futter- und Trinkschüssel mitzuführen. Ist der Hund daran gewöhnt, nur aus der eigenen Schüssel zu fressen, könnte er unterwegs nur zögerlich fressen. Auch in anderem Umfeld ist ihm seine eigene Schüssel vertraut. Ebenso ist bei längeren Reisen in heißem Wetter die Mitnahme von Trinkwasser empfehlenswert. Wasser in anderen Gegenden kann durchaus beim Hund Magenstörungen auslösen. Und auf einer langen Reise ist nichts unangenehmer als ein sich unwohl fühlender Hund. Auf weiten Reisen solltest Du zumindest soviel Wasser mitführen, daß Du bis zum Bestimmungsort auskommst. Sollte dort dann das andere Wasser Probleme auslösen, muß der Hund dies nicht im Auto erdulden. Nach kurzer Zeit gewöhnt sich der Hund auch an den Wasserwechsel. Fährst Du dann wieder nach Hause zurück, solltest Du erneut genügend Wasser mitnehmen, bis Du zu Hause angekommen bist. Er hatte sich ja inzwischen an die Wasserumstellung gewöhnt.

PFLEGE
Die Pflegeansprüche eines Pit Bulls sind minimal. Insgesamt gesehen handelt es sich um einen sehr pflegeleichten Hund. Zu lang gewachsene Nägel müssen geschnitten werden.

Muß ein Pit Bull den Winter über viel im Freien sein, tut ihm etwas zusätzliches Gewicht gut.

Bei heißem Wetter vermag ein schlanker Hund seine Körpertemperatur besser zu regulieren als ein übergewichtiger. »Bo« ist ein erstklassiges Beispiel für einen Pit Bull in Top-Kondition.

Wenn man dies vergißt, könnten sie brechen oder in der Mitte splittern, was für den Hund recht schmerzhaft sein kann. Trotz ihrer großen Schmerzunempfindlichkeit werden selbst Pit Bulls lahmen, bis der gebrochene Nagel abstirbt und abfällt. Zu lange Nägel führen auch, wenn man nicht rechtzeitig etwas dagegen tut, leicht zu gespreizten Pfoten.

Die Nägel werden vom Hundebesitzer geschnitten, notfalls vom Tierarzt. Beim Fachhandel erhält man Krallenschneider in breiter Auswahl. Für den Pit Bull müssen sie kräftig genug sein, auch dazu taugen, daß man gegebenenfalls die Wolfskralle damit kürzen kann. Optimal sind Krallenzangen vom Typ Guillotine.

Beim Nagelkürzen mußt Du vorsichtig sein, den Nagel nicht zu kurz schneiden. Im Nagelinneren gibt es Blutgefäße - *das Leben* - wenn man diese anschneidet, löst dies Schmerzen und eine Blutung aus. Haben Hunde hier einmal schlechte Erfahrungen gemacht, lassen sie sich nur sehr zögerlich erneut behandeln. Wenn sie sich dann noch gegen das Krallenschneiden zur Wehr setzen, erhöht dies die Wahrscheinlichkeit, daß sie erneut verletzt werden.

Die Ohren des Pit Bulls müssen zumindest einmal wöchentlich auf Ansammlungen von Ohrschmalz kontrolliert werden. Bei kupierten Hunden ist die Wahrscheinlichkeit, daß sich Schmutz im Gehörgang ansammelt, wesentlich vergrößert. Man reinigt das Ohr mit einem feuchten Wattebausch. Vorsicht, beim Ohrreinigen darf man keinesfalls in den Gehörgang eindringen. Das Ohrinnere ist außerordentlich empfindlich. Tut man dabei dem Hund weh, wird die künftige Ohrreinigung viel schwieriger. Es gibt recht gute Ohrreinigungslösungen, die den Schmutz im Ohrinneren lösen, daß man ihn aus der Ohrmuschel wischen kann.

Wenn Du schwarze Ablagerungen im Ohrkanal feststellst, liegt möglicherweise ein Befall von Ohrmilben vor. Am besten läßt man den Hund beim Tierarzt untersuchen, der ein geeignetes Medikament verschreiben sollte.

Wenn Dein Pit Bull im Haus lebt, hält ihn zweimal jährliches Baden sauber. Es gibt auch viele kurzhaarige Hunde, die überhaupt nie gebadet werden müssen. Keinesfalls sollte man einen Junghund unter drei Monaten baden. Nach dem Baden muß man Hunde unbedingt zugfrei bis zum völligen Abtrocknen halten, das Fell tüchtig mit Tüchern abrubbeln. Benutze nur ein Spezialshampoo für Hunde, Seifen und andere Hilfsmittel trocknen die Hundehaut zu stark aus. Erweist sich trotz Einsatz von Spezialhundeshampoo die Haut als zu trocken, sollte man mehrfach wöchentlich dem Hundefutter einen Eßlöffel Pflanzenöl beifügen. Zusätzlich wird eine Wurmkontrolle empfohlen, da bekannt ist, daß Wurmbefall auch zu trockener Haut führt.

Das Baden bei Zwingerhunden sollte im Winter unbedingt vermieden werden, abgesehen von Extremsituationen ist dies durchaus möglich. Zwingen die äußeren Umstände doch dazu, muß besonders darauf geachtet werden, daß sie nach dem Baden über mehrere Stunden völlig zugfrei und warm gehalten werden. Vorsicht - einige Hunde versuchen Waschwasser zu trinken, das Shampoo abzulecken. Dies muß man unter allen Umständen verbieten. Verschmutztes Badewasser und Seife können leicht Durchfall auslösen. Das ist bestimmt nicht gut, wenn der Hund zum Trocknen für mehrere Stunden in einem festen Raum eingeschlossen bleibt. Zum Baden des Pit Bulls braucht man lauwarmes Wasser - kaltes Wasser führt zu Erkältungen. Man achte auch darauf, daß das Wasser nicht zu heiß ist. Der Hund fühlt sich sonst sehr unwohl, nach dem Baden ist die Erkältungsgefahr noch vergrößert. Achte darauf, das Badeerlebnis für Deinen Pit Bull so angenehm wie möglich zu machen, dann läßt er sich auch in Zukunft immer wieder gerne baden.

Achte auf Spezialhundeshampoo von guter Qualität, Seife und für Menschen hergestelltes Shampoo sind für die Haut des Hundes ungeeignet, insbesondere bei häufigem Baden. Im Hundefachgeschäft findest Du immer ein auf die Bedürfnisse des Hundes abgestimmtes Shampoo. Besonders vorsichtig muß man beim Baden mit Ohren und Augen des Hundes sein. Es hat sich als praktisch erwiesen, während des allgemeinen Badens in der Wanne den Hundekopf völlig auszusparen, danach gezielt den Kopf zu behandeln. Keinesfalls darf Shampoo in Augen oder Ohren eindringen. Auch das würde die künftige Lust des Hundes auf ein angenehmes Bad wesentlich mindern.

Bei einigen Hunden dauert es länger, bis sie sich ans Autofahren gewöhnen. Dieser Pit Bull hat sich offensichtlich gut daran gewöhnt, sollte aber den Platz des Fahrers besser seinem Besitzer räumen!

Je früher man mit dem Nägelschneiden beginnt, umso leichter gewöhnt sich der Pit Bull an diese Pflege.

AUSLAUF

Der American Pit Bull Terrier liebt körperliche Aktivitäten jeder Art. Aus diesem Grunde solltest Du Deinem Pit Bull jede Gelegenheit geben, sich auszuarbeiten. Wenn Du glaubst, hierfür nicht die notwendige Zeit aufbringen zu können, solltest Du besser eine andere Hunderasse kaufen.

Richtig - Pit Bull Terrier wurden auch schon als *Sofarutscher* gehalten, aber der glücklichste Pit Bull ist der aktive Hund. Bewegung findet er durch Nachjagen hinter Stöcken im Garten, durch Joggen, Wandern, auch durch Wettbewerbe im Gewichtziehen. Viele Pit Bull-Besitzer lassen sich beim Spazierengehen von ihrem Hund ziehen, stellen sich selbst auf Rollerblades. Achte dabei darauf, daß Dein Hund für solche Übungen ein Geschirr trägt. Man sollte keinen Hund über das Halsband ziehen lassen.

Radfahren gehört zu den Bewegungsarten, die ich für den Pit Bull nicht empfehle. Wird dabei die Leine mit dem Fahrrad verbunden, könnte der Hund viel zu leicht den Radfahrer herunterreißen. Denke daran, der Pit Bull gehört nicht zu den Hunderassen, die sich von anderen Hunden so ohne weiteres herausfordern lassen. Wenn ein freilaufender Hund deshalb irgendwelche Streitigkeiten beginnt, mußt Du anhalten, vom Rad absteigen, erst dann kannst Du Deinen Hund richtig fassen. Bis zu diesem Zeitpunkt könnte es zu spät sein, um eine Rauferei zu vermeiden. Denke daran, Pit Bulls sind bekannt dafür, daß sie selbst kleine Autos und Mini-Vans hinter sich herziehen können - daher die großen Erfolge beim Gewichtsziehen. Bilde Dir deshalb nicht ein, Du könntest einen entschlossenen Pit Bull stoppen, wenn Du selbst auf zwei Rädern die Balance zu halten versuchst.

Viele im Freien gehaltene Pit Bulls beschäftigen sich auf ihre eigene Art, finden dabei genügend Bewegung. Selbst das Herumtoben um eine Wasserwanne macht ihnen Spaß. Werden Hunde nebeneinander in getrennten Ausläufen gehalten, rasen sie häufig hin und zurück, links und rechts - bis zur Erschöpfung. Die in den USA gebräuchliche Kettenhaltung beziehen wir bewußt in die deutsche Fassung dieses Buches nicht ein.

Zu den besonders schöpferischen Einfällen der Pit Bulls gehört es, sich an Baumzweige anzuhängen. Dies gilt besonders für Pit Bulls, die das Glück haben, daß in ihrem Hundezwinger ein eigener Baum steht. Sind die Zweige niedrig genug, trifft man den Hund häufiger beim daran Schaukeln an. In den USA gibt es auch Wettbewerbe mit *hang time contests*. Dabei hängt der Hund an einem Stück Seil, das einige Meter in die Luft hochgezogen wird. Bei diesen Wettbewerben kommt es zu *Hängezeiten* zwischen 45 und 60 Minuten! Ein recht zeitraubender Wettbewerb, wenn viele Hunde hierzu antreten!

AUSRÜSTUNG

Einen Pit Bull als Haushund zu halten macht wenig Kosten. Von Beginn an braucht man Schüsseln für Futter und Wasser, Leinen und Halsbänder. Zunächst schafft man sich ein

Ist dies eine Wasserschüssel oder eine Badewanne? »Piggy« weiß sehr gut, wie sie sich nach jedem Spiel abkühlen kann. Ungenehm die in den USA gebräuchliche Kettenhaltung des Hundes.

kräftiges, solides, breites Halsband an, in der Länge verstellbar, mit einer kräftigen Schnalle schließend. Zusätzlich braucht man ein schmäleres Halsband für die Erziehung. Das allgemein verbreitete Erziehungshalsband - auch *Würgekette* genannt - ist bestimmt nicht das brauchbarste. Man muß sich bewußt sein, daß der Pit Bull recht schmerzunempfindlich ist, es manchmal mehr Kraft bedarf als die Würgekette überträgt. Durch die Würgekette wird auch möglicherweise die Kehle des Hundes gefährdet. In den USA erzielt man die besten Ergebnisse mit einem sogenannten Stachelhalsband. Ich weiß, daß sieht sehr grausam aus - ein mittelalterliches Torturwerkzeug - tatsächlich ist es aber sehr human. Anstelle der dünnen Würgekette um den Hundehals drückt das Stachelhalsband einfach nur an vielen Stellen gleichzeitig gegen den Hundehals. Wenn man dieses Halsband anzieht, drücken alle abgestumpften Stacheln gegen die Haut. Vielleicht glaubst Du, das Würgehalsband löse dadurch intensivere Schmerzen aus, Pit Bulls scheinen aber das Stachelhalsband wesentlich mehr zu respektieren.

Das Standardausbildungshalsband - *der Würger* - wird über den Hundekopf gezogen. Hier besteht immer die Gefahr, daß der Hund plötzlich seinen Kopf herauszieht, wenn die Leine so gehalten wird, daß das Halsband nicht eng anliegt. Ein solches Ausbrechen läßt sich mit dem Stachelhalsband leicht vermeiden. Das Stachelhalsband hat einzelne Glieder, durch Hinzufügen oder Herausnehmen läßt es sich dem Hund genau anpassen. Anders als den Würger umfaßt das Stachelhalsband den ganzen Hundehals, macht es dem Pit Bull unmöglich, den Kopf herauszuziehen.

Das Stachelhalsband kostet etwas mehr, läßt sich aber dafür den einzelnen Hunden mit verschiedenen Halsweiten immer anpassen. Auch das Würgehalsband paßt zu Hunden verschiedener Größe, solange man sicherstellen kann, daß es durch das Gewicht der Leine immer eng anliegt. Hier besteht aber immer ein Risiko.

Anmerkung der Übersetzer! Wir möchten an dieser Stelle unzweideutig klar machen, daß wir die Auffassung des Autors zu diesem Thema nicht teilen, im Stachelhalsband eine grobe Tierquälerei sehen, die in keiner Weise gerechtfertigt werden kann. Mit körperli-

cher Gewalt sollten Hunde überhaupt nicht dirigiert werden, vielmehr durch Früherziehung entsprechend den modernen Erkenntnissen der heutigen Verhaltensforschung. In 98 % aller Fälle reicht ein verstellbares Halsband beim von Anfang an richtig erzogenen Hund völlig aus, die verbleibenden zwei Fälle sind Aufgabe des erfahrenen Ausbilders. Wir lehnen sowohl den Einsatz von Stachelhalsbändern wie auch von Würgehalsbändern in vorstehendem Sinn ab. Das »Halti« ist, richtig angewandt, entschieden wirkungsvoller und stumpft den Hund nicht ab.

Der Kauf eines stabilen Hundekäfigs hat sich für die Pit Bull-

Pit Bulls macht es Freude, an Zweigen oder Seilen zu hängen - »hang time contests« werden in den USA häufiger ausgetragen.

56

Ein breites Halsband und eine Wasserschüssel aus rostfreiem Stahl gehören zu den wichtigen Zubehörteilen - leider in den USA auch ergänzt von schweren Ketten.

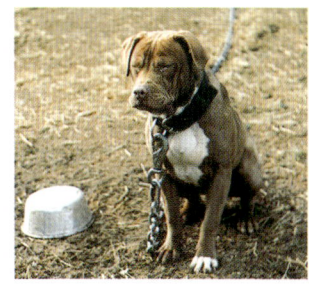

Haltung gut bewährt, von Zeit zu Zeit kommt möglicherweise Besuch, der keine Hunde mag. Du könntest zwar große Lust dazu haben - aber es ist nicht möglich - alle jene aus der Wohnung zu werfen, die Hunde nicht mögen! Im Käfig ist der Pit Bull für kurze Zeit gut untergebracht. Auch bei Reisen tut der Käfig gute Dienste. Besuchst Du Freunde oder wohnst im Hotel, hat Dein Hund immer seinen vertrauten Platz dabei, in dem er behaglich schläft, an den er gewöhnt ist. Der Käfig gehört, wie erwähnt, zu den besten Hilfsmitteln bei der Erziehung zur Stubenreinheit. Wenn der Käfig für Deinen Hund stets eine angenehme Erfahrung - nie Strafe - bedeutet, gewöhnt er sich schnell daran, wird dieser für ihn vertrauter Lagerplatz, seine geschützte Höhle. Grundsätzlich ist es gut, den Hund jedes Mal beim Betreten des Käfigs mit einem kleinen Leckerbissen zu belohnen.

So dünne Leinen sind nur für Ausstellungszwecke geeignet, nicht aber für das Ausführen des Pit Bulls auf Spaziergängen.

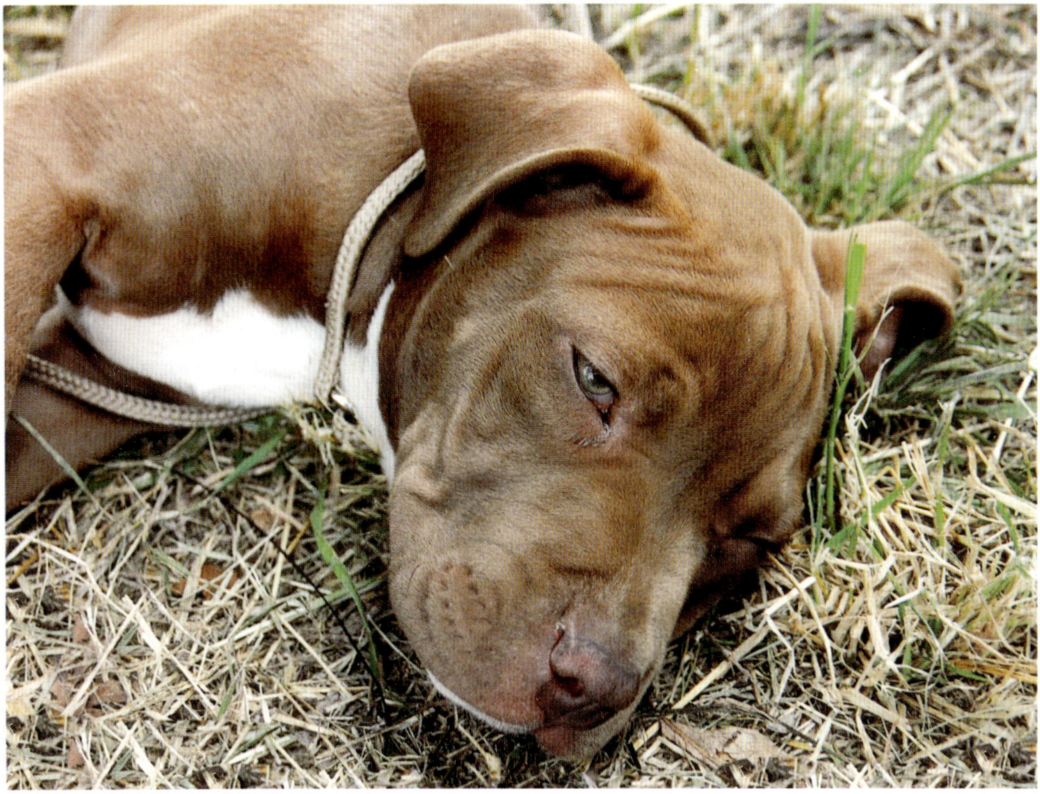

Entweder Du wirfst den Leckerbissen vor ihn in den Käfig oder er erhält ihn, nachdem er es sich im Käfig gemütlich gemacht hat. Dies muß man von Anfang an richtig machen. Bald stellt man fest, daß sich der Hund geradezu in den Käfig stürzt, wenn man die Tür öffnet! Käfige bewähren sich auch auf Hundeausstellungen. Viele Ausstellungsleitungen verlangen, daß außerhalb des Ausstellungsrings Hunde in Käfigboxen gehalten werden - dies gilt übrigens auch bei vielen Gewichtsziehwettbewerben.

Wenn Du einen eigenen Garten besitzt, in dem Dein Hund laufen darf, brauchst Du einen festen Zaun. Dieser dient nicht nur dazu, daß Dein Hund auf dem Grundstück bleibt, sondern auch, daß andere es nicht betreten. Man sollte den Pit Bull beim Freilaufen im Garten überwachen. Es könnte eine große Überraschung werden, wenn Du feststellst, wie einfallsreich gerade Pit Bulls sind, sich einen eigenen Weg aus dem Grundstück zu erschließen. Wenig bewährt haben sich zusätzliche Elektrozäune, mit oder ohne Vorwarnung. Der Pit Bull ist für seine hohe Schmerzunempfindlichkeit bekannt, so daß sich solche Hindernisse für diese Rasse als wenig effektiv erwiesen haben.

Willst Du Deinen Pit Bull ohne Überwachung auf dem Grundstück halten, solltest Du einen eigenen Hundeauslauf errichten. Sei bei der Errichtung dieses Auslaufes vorsichtig, beachte die Kraft und Geschicklichkeit des Hundes. Gerade Pit Bulls sind dafür bekannt geworden, daß sie über Gitterzäune geradezu senkrecht nach oben klettern. Ich selbst habe das, wie schon früher berichtet, bei einem ganzen Wurf Welpen beobachtet. Am besten verbindet man den Auslauf immer mit dem Zwingerhaus oder einer Hundehütte, überdeckt den ganzen Zwinger mit einem festen Dach, das dem Hund auch Schatten spendet. Kontrolliere sehr sorgfältig den eingebauten Türverschluß. Dieser hält nur so lange, bis Dein Hund her-

Der Käfig bietet Deinem Pit Bull seine eigene, vertraute Höhle - hält ihn davon ab, es sich auf dem Sofa behaglich zu machen.

Garteneinzäunung und fester Hundeauslauf bieten dem Hund Gelegenheit zu freier Bewegung und Spiel.

ausfindet, wie er den Riegel bewegen kann. Achte auch darauf, daß das Schloß einbruchsicher ist. Gerade bei American Pit Bull Terriern sind viele Fälle bekannt, daß Diebe sie aus Zwingern gestohlen haben. So weigert sich bespielsweise ein Tierheim in Philadelphia irgendeinen Hund aufzunehmen, der auch nur einem Pit Bull ähnlich sieht. Die Begründung lautet, daß bei ihnen in der Vergangenheit schon andere Pit Bulls gestohlen wurden, daß sie befürchten, diese Hunde dann für den Hundekampf mißbraucht würden.

In Gegenden, wo offensichtlich keine Gefahr besteht, daß Pit Bulls gestohlen werden, kann man auch über eine Kettenhaltung nachdenken. Die primitivste Ausführung besteht aus einem sehr schweren Karabiner, verbunden mit einer kräftigen Kette mit eingebauten Wirbeln. Diese wiederum ist irgendwo mit einem in die Erde getriebenen Anker verbunden. Beliebt in den USA ist hierfür eine Autoachse, die im Boden verankert wird.

Anmerkung der Übersetzer! Die amerikanische Originalausgabe gibt weitere Details über Gestaltung und Verfeinerung dieser Kettenhaltung. Wir sehen in jeder Kettenhaltung von Hunden eine ausgeprägte Tierquälerei, die vom Gesetzgeber unter Strafe gestellt werden sollte. Aus diesem Grunde weigern wir uns, diese Details zu übersetzen. Kettenhaltung ist genauso ein tierquälerisches Relikt aus der Vergangenheit wie Elektroschockgeräte und Stachelhalsbänder. Wer solche Hilfsmittel für Hundehaltung oder Hundeerziehung braucht, sollte sich einem anderen Hobby zuwenden. Wir wollen ihn jedenfalls über diese tierquälerischen Methoden nicht noch zusätzlich beraten.

Am besten errichtet man seinem Pit Bull ein kräftiges Hundehaus, wenn er nicht - wie wünschenswert - im Haus gehalten wird. Immer braucht ein Hundezwinger einen schattigen Aufstellort, Schutz gegen Nässe, Kälte und Zugluft. Es gibt vorzügliche industriell hergestellte Hundezwingeranlagen, die man beim Fachhandel kaufen kann. Bei genügend hand-

werklicher Geschicklichkeit kann man aber auch selbst einen guten Zwinger errichten. Optimal ist immer ein größeres Hundehaus, bei dem die Wände so hoch sind, daß auch der Mensch aufrecht darin stehen kann. Hier wird ein entsprechender Freiauslauf angeschlossen, so daß Auslauf und Hundehaus eine geschlossene Einheit bilden. Vorteilhaft ist immer, wenn zum Schutz gegen Witterung und Sonne der Auslauf auch überdacht ist, dies ist schon im Interesse der Ausbruchsicherheit sehr empfehlenswert.

Jeder Pit Bull-Besitzer sollte etwas über sogenannte *Trennhölzer - breaking sticks* wissen. Mit Hilfe eines solchen Trennholzes kann man den Pit Bull auf humanste Art dazu bringen, etwas, was er nicht loslassen möchte - einschließlich einem zweiten Pit Bull - auszulassen. Es besteht die große Wahrscheinlichkeit, daß Du einen solchen *breaking stick* niemals brauchen wirst. Für den Notfall wäre es aber trotzdem wichtig, einen solchen zur Hand zu haben und damit umgehen zu können.

Der *breaking stick* kann aus jedem Material gefertigt werden, das kräftig genug ist, die Kiefer des Hundes zu öffnen, darf aber nicht so hart sein, um die Zähne des Hundes zu schädigen. Plastik und Holz sind die verbreitetsten Materialien. Ein solches Trennwerkzeug sollte entweder die Form eines Metallmeißels oder die eines Messerblattes haben. Beide Formen sind für die Aufgabe geeignet.

Vor Anwendung des *breaking stick,* um Deinen Hund zu trennen, mußt Du den Hund erst unter Kontrolle bringen. Stelle Dich eng über den Hund, presse beide Unterschenkel gegen die Seiten des Hundes, damit er sich nicht mehr bewegen kann, packe dann mit der einen freien Hand den Hund im Nackenfell. Ziehe damit den Kopf so seitlich, daß die entgegengesetzte Seite des Hundefangs zugänglich ist. Jetzt wird der *breaking stick* irgendwo hinter den Fangzähnen des Hundes seitlich zwischen die Zähne eingeführt. Im allgemeinen findest Du die Lücke im Prämolarenbereich. Die Spitze des Trennwerkzeugs wird etwa zwei bis drei Zentimeter tief seitlich hineingedrückt, dann dreht man das Werkzeug ganz einfach wie einen Schraubenzieher. Dadurch öffnet sich der Hundefang, kannst Du den Hund von allem trennen, was immer er auch gerade im Fang hat. Achte dabei darauf, daß das Trennwerkzeug im Hundefang bleibt, während Du den Hund zurückziehst, andernfalls könnte er versuchen, erneut Halt zu gewinnen.

Wahrscheinlich brauchst Du ihn nie, aber für den Notfall sollte jeder Pit Bull-Besitzer einen »breaking stick« zur Hand haben.

Ein guter Zwinger wird mit einer Abdeckung versehen, damit der Hund den Zaun nicht überklettern kann, auch Schatten findet. Wichtig ist ein sicherer Türverschluß und daß das Zwingerhaus im Schatten liegt, keiner direkten Sonne ausgesetzt ist. Ein solcher Zwinger darf nie zum Daueraufenthaltsort des Hundes werden.

ERZIEHUNG

American Pit Bull Terrier sind hochintelligent. Mit Geduld und Konsequenz kannst Du dem Pit Bull nahezu alles beibringen, was Du möchtest. Möglicherweise reagieren diese Hunde auf die menschliche Stimme nicht so sehr wie andere Hunderassen. Hier mußt Du Dich einfach erinnern, daß die ursprüngliche Aufgabe dieser Rasse der Hundekampf war. Für diese Aufgabe bedurfte es keiner Kommandos, die der Hund zu lernen hatte. Der Pit Bull wurde zu einem vorzüglichen Kampfhund gezüchtet, bei dieser Aufgabe stand der angeborene Instinkt im Vordergrund. Entgegen weit verbreiteten Märchen über den Hundekampf gibt es *absolut keine Erziehung*, wodurch man einen besseren Kampfhund bekommt. Alle Maßnahmen waren ausschließlich darauf ausgerichtet, den Hund körperlich in Spitzenkondition zu bringen.

Heute ist der Pit Bull ein sich seinem Besitzer gut unterordnender Hund, zuweilen recht empfindsam. Schon deshalb sind harte Erziehungsmethoden selten notwendig, schaden mehr als daß sie nützen. Einzelexemplare können aber zuweilen recht eigenwillig sein, hier sind körperliche Korrekturen manchmal erforderlich. Wenn Du aber zu Deinem Hund eine gute Beziehung aufgebaut hast, ist dies eine seltene Ausnahme. Bei der Grunderziehung auf Gehorsam sollte ein einfaches Ausschimpfen des Hundes völlig ausreichen.

STUBENREINHEIT

Mit Hilfe eines Hundekäfigs kann man den Hund leicht stubenrein machen. Die Grundidee dahinter besagt, daß der Hund nur äußerst ungern sein Lager verunreinigt, alles tut, um dies zu vermeiden. Der Erfolg ist natürlich auch davon abhängig, daß die Zeiten, die er im Käfig zubringen muß, vernünftig geplant und auch eingehalten werden. Die meisten Käfigtypen sind für den Pit Bull geeignet. Am preiswertesten sind die Lufttransportbehälter aus Plastik, man kann sie auch leichter reinigen, sie bieten dem Hund mehr Abgeschlossenheit als der reine Drahtkäfig. Der Vorteil des Drahtkäfigs wiederum liegt darin, daß bei stabiler Konstruktion er nicht angekaut werden kann. Von Pit Bull Terriern wurde durchaus bekannt, daß sie Plastikboxen zerkauen. Dies kann nicht nur die Zerstörung der Box bedeuten, möglicherweise heruntergeschluckte Plastikstücke könnten zur Darmblockade, manchmal zum Tode des Hundes führen. In jedem Fall empfiehlt sich ein herausnehmbarer Zwischenboden. Passiert dem Junghund in der

Bei einem intelligenten Pit Bull bedarf es in der Regel keiner harten Erziehungsmaßnahmen. Zeigt er sich dennoch dickköpfig, muß sich der Ausbilder durchsetzen.

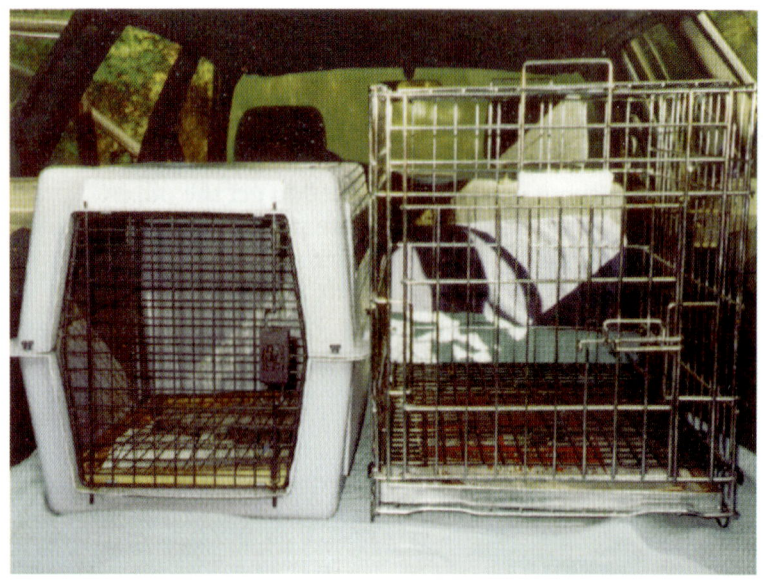

Zum Stubenreinmachen hat sich der Hundekäfig besonders bewährt. Die Plastikausführung ist möglicherweise sicherer, der Metallkäfig erlaubt aber bessere Luftzirkulation.

Box doch einmal ein kleines Unglück, kann Urin nach unten abfließen. Nach meiner Erfahrung bewährt sich eine Sägemehlschicht unter dem Zwischenboden, besonders Zedernsägemehl absorbiert Urin recht gut, nimmt auch etwas den Uringeruch. Von Zedernholz ist auch bekannt, daß Flöhe es meiden.

Beim Kauf des Käfigs solltest Du die richtige Größe wählen. Er muß immer so groß sein, daß der Hund darin aufrecht stehen und sich drehen kann. Auf der anderen Seite sollte der Käfig nicht zu groß sein. Er darf nicht so groß sein, daß der Welpe sich am einen Ende lösen und am anderen Ende schlafen kann. Manche kaufen von vorne herein einen größeren Käfig, damit der Junghund noch entsprechend hineinwächst. Dann sollte man Überlegungen anstellen, ob man für die Anfangszeit eine Trennwand einbaut. Auf diese Art läßt sich der Käfig auch weiter benutzen, wenn der Junghund ausgewachsen ist.

Sofort am frühen Morgen mußt Du den Welpen nach draußen bringen. Wenn Du erst Kaffee kochst, Dein Frühstück zubereitest und verzehrst, wird der Junghund bereits ohne Dich *das Notwendige erledigt haben.* Aus diesem Grunde ist es das Allererste beim Aufstehen, den Welpen ins Freie zu bringen. Dabei muß er tüchtig gelobt werden. Hat er das Erwartete durchgeführt, sollte er wirklich wie ein Held gefeiert werden. Durch dieses tüchtige Loben verbindet der Junghund schnell, daß das Nachdraußengehen mit angenehmen Gefühlen verbunden ist. Von Mal zu Mal wird er schneller, erwartet nach verrichteter Tat tüchtiges Lob. Diese Erziehung zahlt sich in kalten Nächten wirklich aus, auch zu Zeiten, wenn Du spät abends nochmals mit dem Hund hinaus mußt!

Versuche beim Hinausführen des Welpen zum Sichlösen eine gewisse Regelmäßigkeit zu erreichen. Beim Junghund bildet sich hier dann ein bestimmtes Zeitgefühl. Das erleichert die Selbstkontrolle mehr als wenn er nie weiß, wann er überhaupt hinaus gelassen wird. Versuche auch, diesen Zeitplan immer einzuhalten! Findest Du im Haus eine *Unfallstelle,* hast aber selbst vergessen, den Welpen nach draußen zu bringen, bist alleine Du zu tadeln!

Es ist auch absolut richtig, jedes Mal den Welpen zur gleichen Stelle zu führen. Der Junghund riecht, wo er zuvor war, verbindet dies auch mit dem Wiederkommen an diese Stelle. Dies ist wiederum im Hause so wichtig, wenn es darum geht, alle versehentlichen Lösestellen sorgfältig zu reinigen, auch Geruchstilger einzusetzen. Riecht der Welpe auf dem Teppich den Urin, der schon zuvor von ihm versehentlich dort abgesetzt wurde, geht er nur zu gerne wieder an die gleiche Stelle. Tannenduftende Desinfektionsmittel und andere Spezialreiniger bewähren sich bei Urinflecken besonders gut.

Nicht nur am frühen Morgen und späten Abend, vielmehr nach jeder Mahlzeit und vor und nach jedem Spiel muß der Welpe nach draußen gebracht werden. Wenn Du mit Deinem Welpen im Haus spielst und hast vergessen, ihn zuvor nach draußen zu bringen, bist wieder Du alleine an eventuellen *kleinen Unfällen* schuld. Du mußt einfach wissen, daß ein Welpe im Alter von acht bis zwölf Wochen im Grundsatz alle zwei Stunden nach draußen gebracht werden sollte. Wenn der Welpe älter wird, bessert sich seine Kontrolle über Blase und Darm.

Was die Gewöhnung an den Käfig angeht, wird man den Welpen in der Anfangszeit immer dann in den Käfig stecken, wenn niemand in der Lage ist, ihn zu überwachen. Anfangs ist es gut, ihm beim in den Käfig gehen einen kleinen Leckerbissen zu verabreichen, ihn tüchtig zu loben. Dadurch wird der Käfig für den Hund zu etwas Positivem. Oft stellt man fest, daß der Hund sich sofort, wenn man die Tür öffnet, geradezu in den Käfig stürzt, in Erwartung von einem kleinen Leckerbissen. Welpen brauchen viel Schlaf, gerade in einer Familie mit kleinen Kindern bietet der Käfig dem Welpen einen Zufluchtsort, wo er ungestört von den Kindern ruhen kann. Siehst Du, daß der Welpe nach einer längeren Ruhezeit aufwacht, muß er sofort nach draußen gebracht werden. Nach kurzer Zeit wird der Hund jaulen oder wimmern, um zu zeigen, daß der Zeitpunkt gekommen ist, er nach

Bei der Erziehung zur Stubenreinheit werden vereinzelt auch alte Zeitungen eingesetzt. Unser Bild zeigt »Bonehead« und einen Wurfbruder im Alter von etwa fünf Wochen.

draußen möchte, nur ungern das eigene Lager verunreinigen würde.

Für Hundefreunde, die in Appartements wohnen, wo es ziemlich schwierig sein kann, den Hund nach draußen zu bringen, sind Lagen von Zeitungspapier eine manchmal notwendige Alternative. Wenn die Natur ruft, wird der Welpe auf diese Zeitungsschichten gesetzt, anstatt ihn nach draußen zu bringen. Bald wird der Junghund die Zeitungen als *Toilette* akzeptieren. Am besten hält man natürlich die Zeitungslagen auf Fliesenboden, dadurch wird das Säubern wesentlich einfacher. Wenn man anfänglich die Zeitungslagen in der Nähe der Tür auslegt, verbindet der Hund bald das Zurtürgehen mit dem Zurtoilettegehen. Dies ist letztendlich das Ziel. Wenn man die verunreinigten Zeitungen austauscht, läßt man ein kleines Stück des verunreinigten Papiers zurück, dadurch bleibt der Geruch an Ort und Stelle, erinnert den Hund an den Zweck der Papierlagen. Es hilft auch sehr, wenn man beim Spazierengehen mit einem so erzogenen Junghund ein Stück verschmutztes Papier mit ins Freie nimmt. Jetzt wird das verunreinigte Papierstück auf die Stelle gelegt, wo sich der Welpe lösen soll. Auch hier hilft der Geruch dem Welpen zu erkennen, was man von ihm erwartet.

Bei jedem Welpen kommt es im Zweifel im Haus einmal zu einem *kleinen Unglück*. In den meisten Fällen liegt dies am Hundebesitzer. Entweder hat er dem Welpen überhaupt nicht beigebracht, was von ihm erwartet wird, oder er ließ den Welpen nicht häufig genug ins Freie. Wenn Du den Hund auf frischer Tat ertappst, sollte er durchaus mit einem harten *Nein!* zurechtgewiesen, dann sofort nach draußen gebracht werden. Stößt Du jedoch auf seine Hinterlassenschaften, ohne ihn beim Sichlösen selbst zu überraschen, gibt es gar nichts anderes als einfaches Saubermachen. Das Gedächtnis eines kleinen Welpen währt nicht länger als dreißig Sekunden! Liegt das Geschehen länger als dieser Zeitraum zurück, hat der Welpe keine Idee, wofür er überhaupt bestraft wird. Beim Saubermachen sollte man unbedingt dafür sorgen, daß bei der Rückkehr des Welpen keinerlei Geruchsspuren mehr wahrzunehmen sind.

Nach kurzer Zeit erkennst Du die äußeren Zeichen, daß Dein Hund nach draußen gehen möchte. Meist beginnt der Hund im Zimmer zu kreisen, umherzuschnüffeln. Zuweilen läuft er dann zur Tür hin und zurück, als wollte er nach etwas Ausschau halten. Wenn Du solches Verhalten beobachtest, laß alles stehen und liegen, bringe den Welpen so schnell wie möglich nach draußen - notfalls zum Zeitungsstapel. Jedesmal, da sich ein Junghund zwangsläufig im Hause löst, dauert es länger, um ihn wirklich stubenrein zu bekommen.

ERZIEHUNGSRATSCHLÄGE

Ehe wir Spezialaufgaben für die Erziehung eines Pit Bull schildern, einige Grundregeln, die nicht nur die Erziehung für Deinen Hund angenehmer machen, sondern insbesondere schneller zum Erfolg führen. Als Erstes und Wichtigstes - *nie Hunde erziehen*, wenn Du selbst schlechte Laune hast. In einer solchen Situation verlierst Du viel zu leicht die Geduld, bist dem Hund gegenüber zu hart. Wenn Du aber die Kontrolle über Deine Gefühle verlierst, grob wirst, wird sich Dein Pit Bull fürchten, sein Vertrauen zu Dir verlieren.

Ebenso wichtig ist es, daß die einzelnen Erziehungsabschnitte nie so lange dauern, daß der Hund ihrer überdrüssig wird, sich langweilt. Du erreichst nichts, wenn Dein Hund sich nicht länger auf Dich konzentriert, das Ganze für Dich wie für den Hund nur zum Frust wird. Halte die einzelnen Erziehungszeiten kurz, gestalte sie fröhlich, so daß sich Dein Pit Bull immer auf das nächste Mal freut. Am besten kann man den Hund erziehen, wenn er gerade etwas Ruhe gehabt hat. Einige stecken deshalb kurze Zeit vor der Erziehung ihren Pit Bull in den Käfig. Wenn er wieder herauskommt, ist er munter, wartet auf das gemeinsame Tun. Richtig ist es auch, die Erziehung immer vor der Fütterung durchzuführen. Dann arbeitet Dein Hund freudiger, schon um einen Leckerbissen zu ergattern. Nach einer großen Mahlzeit werden die meisten Hunde etwas lethargisch, haben nicht viel Interesse an Erziehung.

Die Erziehungszeiten mit dem Pit Bull müssen immer kurz gehalten werden, Spaß machen, damit der Hund voll konzentriert bleibt.

Bereits mit drei Monaten kannst Du Deinem kleinen Pit Bull-Junghund erste Unterordnungsübungen beibringen. Aber auch in der Zeit davor - mit der Abgabe vom Züchter - läuft bereits ein dauernder Erziehungsprozeß an. Die hohe Lernfähigkeit aller Hunde in diesem Lebensabschnitt sollte keinesfalls vergeudet werden. Der Hund lernt immer etwas, wenn Du ihm nichts beibringst, wahrscheinlich das Falsche. Mit schwierigen Übungen sollte man aber im allgemeinen warten, bis der Junghund etwa sechs Monate alt ist. Welpen und Junghunde muß man immer ihrem Alter entsprechend behandeln! Zu den Grunderziehungsschritten gehören Aufgaben wie Sitz, Platz, Bleib und Hier. Jungen Hunden diese Kommandos beizubringen, sollte ziemlich einfach sein. Man muß aber immer die gleichen Kommandos benutzen. Wechselst Du die Kommandosprache, verwirrt dies nur den Hund. Bei jungen Hunden betragen die Erziehungsabschnitte fünf bis zehn Minuten, bei erwachsenen Hunden sind Erziehungszeiten von bis zu zwanzig Minuten durchaus in Ordnung.

ERZIEHUNG ZUM GEWICHTSZIEHEN

Wo die Möglichkeit besteht, sollte man dem Hund Gelegenheit geben, an Gewichtsziehwettbewerben teilzunehmen. Hierbei handelt es sich um eine starke körperliche Belastung, sie eignet sich so richtig, um die Kraft Deines Pit Bulls zu fordern. Vorwiegend in den USA, aber auch in anderen Ländern, werden solche Wettbewerbe abgehalten. Bei der Erziehung eines Junghundes muß man das Gewicht immer niedrig halten. Der American Pit Bull Terrier muß erst körperlich voll entwickelt sein, ehe man ihn ernsthaft durch schwere Gewichte belasten darf. In den USA sind Hunde frühestens mit neun Monaten zu Gewichtsziehwettbewerben zugelassen - aber dies ist recht früh.

Als Allererstes brauchst Du ein gutes Geschirr zum Gewichtsziehen. Dies ist eine Spezialausrüstung, man findet sie in amerikanischen Versandmagazinen, zuweilen auch auf großen Hundeausstellungen. Am besten läßt man sie vom Spezialisten anfertigen, Voraussetzung hierfür sind korrekte Informationen über die Maße Deines Hundes. Einzelne Versender fordern bei der Bestellung nur Gewichtsangaben des Hundes, andere verlangen aktuelle Maße, damit das Geschirr genau paßt.

Wenn das Geschirr ankommt, mußt Du es dem Hund anpassen. Sicherlich möchtest Du gerne, daß sich Dein Pit Bull behaglich fühlt, wenn ihm das Bänderwerk angelegt wird. Zunächst solltest Du den Hund im Geschirr auf Spaziergänge mitnehmen, damit er sich mit dem Gefühl vertraut macht. Erst wenn sich der Hund völlig an das Geschirr gewöhnt hat, beginnt man mit dem Gewichtsziehen. Man braucht ein starkes Stück Kette, an jedem Kettenende ist ein kräftiger Karabiner. Jetzt wird auf den Zugkarren Gewicht gelegt. In den USA üblich ist ein sogenanntes *window weight*, das sind 128 Pounds - 58 Kilo. Diese Gewichtseinheit hat sich bewährt, die jeweilige Zusatzbelastung läßt sich leicht dosieren. Der Karabiner wird einfach mit der Last verbunden. Anfänglich führt man die Hunde auf Spaziergängen nur mit leichtem Gewicht - dabei sollte sich der Hund stets auf Gras bewegen! Gewichtsziehen auf Asphalt oder Beton wäre grob fehlerhaft!

Hat Dein Pit Bull sich im Geschirr an das Gewichtsziehen gewöhnt, kannst Du einige kurze massive Ziehübungen mit schwererem Gewicht beginnen. Gewichtsziehwettbewerbe der American Pit Bull Terrier gehen über eine Entfernung von 15 feet - also 4,6 Meter. Will man mit seinem Hund bei solchen Wettbewerben antreten, sollte man diese Entfernung als Mindestgröße benutzen. Einige wählen eine Trainingsentfernung von 16 feet, dadurch

Erst muß sich Dein Pit Bull völlig an das Geschirr gewöhnen, ehe er irgendwelche Gewichte ziehen darf. Hier präsentiert »Diamond C's Mako« sein neues Gewichtszieh-geschirr.

Nur über diese paar Meter! Dieser Pit Bull ist fest entschlossen, sein Ziel zu erreichen.

gewöhnt sich der Hund daran, über die 15 feet Entfernung flott durchzuziehen. Zunächst verbindet man das Gewicht mit dem Geschirr, dann erfolgt das Kommando *Bleib!* Gehe jetzt vor den Hund, gib ihm das Kommando zum Ziehen. Die Kommandos *Pull!* und *Work!* sind in den USA am populärsten. Anfänglich kannst Du den Hund bei dieser Übung an eine Führleine legen. Denke daran, bei späteren Wettbewerben ist es strikt verboten, den Hund zu berühren. Du mußt ihn daran gewöhnen, alles alleine zu tun. Hat Dein Pit Bull die Entfernung durchgezogen, wird er tüchtig gelobt, bekommt eine Ruhepause. Bei Gewichtsziehveranstaltungen sind immer fünf Minuten Ruhe vorgeschrieben, ehe der Hund erneut zum Ziehen antreten darf.

Bei kurzen Zugstrecken mit hohen Gewichten - um es zu wiederholen - bleibe immer auf weicher Bodenfläche! Du kannst es auf Gras versuchen, notfalls auch auf einem Stück alten Läufer. Die meisten offiziellen Gewichtsziehstrecken sind mit einem Teppich abgedeckt, hieran solltest Du Deinen Hund schon jetzt gewöhnen.

Als Last kannst Du praktisch jeden Gegenstand wählen, solange sich dieser nicht auf dem Boden verhakt. Einige Ausbilder erzielen mit großen Plastikbehältern, gefüllt mit Wasser, gute Ergebnisse. Andere nehmen Gewichtsheberhanteln, wieder andere alte Reifen. Willst Du später ernsthaft an solchen Wettbewerben teilnehmen, kannst Du möglicherweise einen Karren entwickeln, wie ihn unsere Abbildung zeigt, wie er beim Wettbewerb tatsächlich eingesetzt wird.

AUSBILDUNG ZUM WACHHUND

American Pit Bull Terrier können auch als Schutzhund wie als Wachhund ausgebildet werden. Die Rasse ist bekannt dafür, daß sie ihre Familie schützt, auch völlig *ohne*

Ausbildung. Willst Du aber wirklich Deinen Pit Bull für Bewachungsaufgaben ausbilden, müßtest Du meist für einen Berufstrainer eine ganze Menge Geld und Zeit einplanen. Gerade die Erziehung des Hundes, einen Menschen zu beißen, verläuft beim American Pit Bull Terrier gegen die Zuchtziele zahlloser Hundegenerationen. Denke nochmals über all die Zeit und das Geld nach, die erforderlich wären, um aus Deinem Pit Bull einen solchen Hund zu machen. Möglicherweise kommt es Dir dann vernünftiger vor, einfach einen anderen Hund zu kaufen, der sich von Natur aus für diese Aufgaben besonders eignet.

Hüte Dich vor »Ausbildern«, die in einer Art Kurzlehrgang den American Pit Bull Terrier für Mannarbeit ausbilden. Solche »Menschen« *mißbrauchen* Deinen Hund bis zu einem Punkt, wo er sich einfach nur noch selbst verteidigt. Auf diese Art bringen solche *Spinner* dem Pit Bull bei, in allen Fremden mögliche Angreifer zu sehen. Nach einer solchen Ausbildung kann man dem Pit Bull in der Öffentlichkeit nicht mehr vertrauen, denn das arme, geschundene Tier versucht nur, sich selbst gegen jedermann zu verteidigen. Ein so ausgebildeter Hund greift wahrscheinlich Freund wie Einbrecher in gleicher Art an. Man müßte ihn über die meiste Zeit einsperren - dies bedeutet aber, daß er weder Dich noch Dein Eigentum zu verteidigen vermag. Gerade wegen durch *Spinner* mißbrauchten Hunden hat der American Pit Bull Terrier zuweilen einen so schlechten Ruf bekommen.

Gewichtsziehen ist eine sehr anstrengende Tätigkeit - dieser Junghund ist alleine vom Zusehen schon erschöpft.

Loyale Pit Bulls schützen aus ihrer natürlichen Veranlagung heraus die Familie, brauchen keinerlei zusätzliche Erziehung als Schutzhund.

DER SPORT MIT DEM PIT BULL

Willkommen zu den aufregenden, manchmal aber auch etwas frustrierenden Sportarten mit Hunden! Mit Sicherheit möchtest Du mehr über Hunde lernen, deshalb hast Du Dich auch bis hierher durchgelesen. Dieses Kapitel zeigt interessante Aufgaben für Hunde, die Dich reizen könnten, hilft Dir auch, die Welt der Hunde besser zu verstehen. Wenn Du Dich dazu entschließt, Ausstellungen, Unterordnungsprüfungen oder anderen Hundesport einmal zu versuchen, solltest Du Dein Wissen durch gute Fachbücher noch weiter vertiefen.

Diese Pit Bull-Welpen schauen so süß und unschuldig aus. Sie brauchen trotzdem eine gute Grunderziehung, damit sie später nie in Schwierigkeiten geraten.

Hundeausstellungen sind schon lange Zeit populär, werden von den Züchtern recht ernst genommen. Viele Teilnehmer genießen Hundeausstellungen ganz einfach als Hobby.

Heute gibt es eine Vielzahl von Aktivitäten, die Hund und Besitzer Freude machen. Zu diesen Aktivitäten gehören Schönheitsausstellungen, Unterordnungswettbewerbe, Fährten-suche, Agility, das amerikanische *Canine Good Citizen Certificate - eine Art Prüfung zum Verkehrssicheren Begleithund*. Hinzu kommt ein breites Angebot von Prüfungen, die eigens für bestimmte Hunderassen abgehalten werden. Womit Du anfängst, ist von Deinen eigenen Wünschen abhängig, wobei Du möglicherweise anfangs das Ziel noch gar nicht richtig erkennen kannst.

WELPEN-KINDERGARTEN

Vom Besuch im Kindergarten hat jeder Welpe Vorteile. Richtige Welpenprägung ist der Grundstock für alle künftigen hundlichen Aktivitäten. Der Besuch empfiehlt sich genauso für künftige *Ausstellungschampions* wie für den reinen *Sofarutscher*. Hundeliebhaber soll-ten unbedingt Welpen-Spielgruppen besuchen, auch wenn sie später nie mit ihren Hunden arbeiten oder sie ausstellen wollen. Es handelt sich um Spezialveranstaltungen für Welpen im Alter von etwa drei Monaten bis ungefähr fünf Monate. Alle Junghunde kommen in die gleiche Gruppe. Selbst wenn einige darunter etwas ungebärdig sind, sollte dies zu keinem echten Problem führen. Es gibt reine Spielgruppen, bei denen überhaupt keine andere

In den Ausbildungsklassen für Anfänger findet man bei der Hunde-erziehung Hilfe. Der Trainer demonstriert hier, wie man den Hund in die Stellung »Platz« bringt.

Erziehung als nur die Sozialisierung der Hunde untereinander angestrebt wird. Man findet aber auch Ausbildungsgrundklassen, in denen der Junghund bereits etwas Gehorsam lernt. Wie in allen derartigen Klassen besteht das Ziel, auch den Besitzer zu lehren, seinen Hund richtig auszubilden. Kindergarten-Klassen bieten dem Welpen erstklassige Gelegenheiten, mit anderen Junghunden gleicher Altersgruppe zu spielen, sich aneinander zu gewöhnen. Gleichzeitig lernen sie auch fremde Menschen kennen, was sehr wichtig ist. Es gibt Hunde, bei denen Verhaltensstörungen schon angeboren sind, beispielsweise Furcht vor Fremden. Du wirst erleben, gerade solche Hunde profitieren sehr durch Teilnahme an solchen Spiel-gruppen.

Es gibt eine Reihe von Grundkommandos, die jeder Hund lernen sollte. Einige davon kann man bereits im Welpenkindergarten üben.

SITZ!

Eine Methode zum Erlernen dieser Übung besteht darin, daß Dein Hund links von Dir steht, Du die Leine in der rechten Hand führst, nahe dem Halsband. Ziehe die Leine nach oben, fasse gleichzeitig mit der linken Hand von oben gegen die Kruppe, drücke den Hund nach unten. Dabei ertönt das Kommando »Max, Sitz!« Bei jedem neuen Kommando sollte man immer gleichzeitig den Namen des Hundes aussprechen.

Einige Hundebesitzer lehren das Kommando, indem sie einen Leckerbissen über den Hundekopf halten. Um diesen zu erreichen, muß sich der Hund setzen. Ermuntere den

Hund, einige Sekunden in der Position »Sitz« zu verharren, das ist möglicherweise schon der Anfang für die nächste Übung »Sitz/Bleib«. Je nach Situation kannst Du den Hund dabei unter dem Kinn kraulen oder über den Rücken streicheln. Die Übung bietet gute Gelegenheit, um den Augenkontakt aufzubauen.

PLATZ!

Wieder sitzt der Hund links von Dir, jetzt kniest Du neben ihm, die Leine in der rechten Hand. Mit der linken Hand greifst Du über ihn, faßt den linken Vorderlauf. Mit der rechten Hand wird dann der rechte Vorderlauf gefaßt, dabei die Läufe mit dem Kommando »Max, Platz!« nach vorne gezogen. Versucht der Hund aufzustehen, lehnst Du Dich auf seine Schulter, redest ihm gut zu, unten zu bleiben. Ein Streicheln den Rücken entlang entspannt den Hund in der Position »Platz«. Versuche ihn zu überreden, einige Sekunden in dieser Position zu verharren. Eine gute Vorbereitung für das spätere »Platz/Bleib«.

FUSS!

Die Definition der Übung verlangt, daß sich der Hund kontrolliert links neben Dir in Kniehöhe bewegt. In der Kindergartenklasse fängt man meist mit kontrolliertem Leinengehen an, möglicherweise führt diese Übung schon zum richtigen Begleiten *bei Fuß*. Das Kommando lautet »Max, bei Fuß!«, gleichzeitig wird mit dem linken Fuß nach vorne angetreten. Die Leine wird in der rechten Hand geführt, die linke Hand hält die Leine etwa in der Mitte. Mit dieser linken Hand wird die Leinenlänge kontrolliert, sie sollte immer leicht durchhängen. Ziel ist es, daß der Hund Dich beim Gehen begleitet, die Nase etwa in Kniehöhe. Ermuntere ihn, Dich in dieser Stellung zu begleiten, weder nach vorne zu ziehen noch nachzuhängen. Am besten führt man dabei die Leine ziemlich kurz. Sie darf sich aber

nicht anspannen. Viel besser ist es, den Hund mit einem kurzen Ruck - wenn nötig - an das Beifußgehen zu erinnern. Beim Anhalten mußt Du vorbereitet sein, den Hund in die Position »Sitz« zu bringen. Es bedarf schon einiger Übung, dies richtig zu koordinieren. Es gibt vorzügliche Erziehungsbücher, die Du selbst besitzen solltest. Laß Dich vom Ausbilder entsprechend beraten und beachte die Literaturempfehlungen auf Seiten 148 bis 149.

HIER!

Dies ist wahrscheinlich die allerwichtigste Übung, die Du Deinem Hund beibringen mußt. Sie sollte immer für den Hund ein angenehmes Erlebnis sein. Anfangs lernt der Hund das häufige Herangerufenwerden an einer langen Leine, beispielsweise an einem Wäscheseil. Später beginnt die Übung, wenn der Hund sich in der Position »Sitz/Bleib« befindet, herangerufen wird. Das Kommando lautet immer »Max, Hier!«. Dieses Kommando klingt immer freudig, Ziel ist es, daß Dein Hund gern und zuverlässig kommt. Das Kommando könnte dem Hund das Leben retten, wenn er versehentlich aus der Tür entwischt ist. Bei dieser Übung darf Dich Dein Hund anspringen, Dich berühren, ehe Du ihn berührst. Zeigt er sich scheu, mußt Du Dich auf seine Ebene niederknien. Wenn man die Hand nach einem scheuen Hund ausstreckt, könnte ihn dies erschrecken, ihn davon abhalten, heranzukommen. Tüchtiges Lob und ein Leckerbissen sind durchaus nach jedem erfolgreichen »Hier« das Richtige. Unter gar keinen Umständen darfst Du Deinen Hund korrigieren, wenn er zu Dir kommt. Erst viel später, bei der formalen Unterordnung, verlangt man, daß sich der Hund zunächst vor Dich setzt, dann auf Befehl links neben Dich.

HUNDEAUSSTELLUNGEN

Schönheitsschauen gibt es schon seit Mitte des neunzehnten Jahrhunderts. Hierbei geht

Sehr wichtig ist das Erlernen des Kommandos »Fuß«, wobei sich der Hund kontrolliert frei links vom Führer bewegt.

Mit »Hier« wird der Hund immer freundlich herangerufen, reagiert auf das Kommando erwartungsvoll.

es um das Äußere des Hundes - seinen anatomischen Aufbau, seine Bewegung, aber auch seine Haltung. Wenn Dich Hundeausstellungen interessieren, mußt Du Dich mit dem Rassestandard näher beschäftigen, überprüfen, wie weit Dein Hund mit dem Standard übereinstimmt. Für eine solche Beurteilung könnten der Züchter Deines Hundes oder andere erfahrene Züchter Dir hilfreich zur Seite stehen. Im ersten Lebensjahr unterliegen Junghunde großen körperlichen Veränderungen. Man kann sagen, die meisten Welpen sind als kleine Hunde außerordentlich vielversprechende Hoffnungen, wachsen sich dennoch manchmal zu recht enttäuschenden Ausstellungskandidaten aus. Dies braucht aber in gar keiner Weise ihren Wert als angenehme Familienhunde zu beeinträchtigen.

In einer Reihe fortschrittlicher Ausbildungsvereine bestehen auch Möglichkeiten, den Hund auf Ausstellungen vorzubereiten. Solche Gelegenheiten sollte man - wenn geboten - nutzen. Zuvor muß der Hund das Anderleinegehen beherrschen. In den Ausstellungsklassen wird der Ablauf im Ausstellungsring imitiert, Hund und Besitzer lernen die Vorführtechnik, bei welcher der Hund vor dem Richter aufgebaut wird, wie auch die Vorstellung des Hundes in der Bewegung. Für den Bewegungsablauf gibt es bestimmte Ringmuster, beispielsweise Dreieck oder das Vorführen in L-Form. Ausstellungsübungsklassen bieten genau wie die Hundekindergärten dem Junghund erstklassige Gelegenheit, sich auch mit anderen Hunden und Menschen zu sozialisieren.

Man braucht schon einige Zeit, um die notwendige Vorführtechnik für Hundeausstellungen zu erlernen. Für den American Pit Bull Terrier gibt es zwei Hundezuchtorganisationen - die *American Dog Breeders Association (ADBA)* und den *United Kennel Club (UKC).* Ihre Ausstellungen werden in ähnlicher Art durchgeführt wie die Ausstellungen des *American Kennel Club (AKC),* es geht hier aber meist etwas entspannter und weniger formell zu. Beide Vereine schreiben Klassen für Junghunde wie ausgewachsene Tiere aus. Auf diese Art kann man den Junghund bereits in früher Jugend an das Geschehen im Ausstellungsring gewöhnen.

Einige Wettbewerbe können für Junghunde eine vorzügliche Erfahrung sein, selbst wenn man gar nicht die Absicht hat, seinen Hund weiter auszustellen. Bei solchen Treffen begegnet der Junghund neuen Menschen, wird von einem Fremden - dem Richter - angefaßt. Es bringt auch eine völlige Veränderung des Umfeldes - erweitert für Hund wie Vorführer den eigenen Horizont. Solche Wettbewerbe, aber auch hundesportliche Aufgaben, stärken das Selbstvertrauen des Vorführers - insbesondere der jugendlichen Hundefreunde.

Auf einer Schönheitsausstellung des ADBA werden die Hunde in Klassen gerichtet, die nach Alter und Geschlecht getrennt sind. Rüden und Hündinnen konkurrieren separat in folgenden Altersklassen: vier bis sechs Monate, sechs bis neun Monate, neun bis zwölf Monate, zwölf bis achtzehn Monate, achtzehn bis vierundzwanzig Monate, zwei bis drei Jahre, drei bis fünf Jahre, fünf Jahre und älter. Die Welpen müssen zumindest vier Monate alt sein, ehe sie auf Ausstellungen zugelassen sind.

Das Schönheitschampionat des ADBA wird nach einem Punktesystem errungen. Bei den Welpenklassen zählt ein erster Platz fünf Punkte, ein zweiter drei, ein dritter zwei. Gewinnt ein Junghund über zumindest zehn Wettbewerber in der gleichen Klasse, erhöht sich der Wert der Plazierung für den ersten Platz auf acht Punkte, für den zweiten auf fünf und für

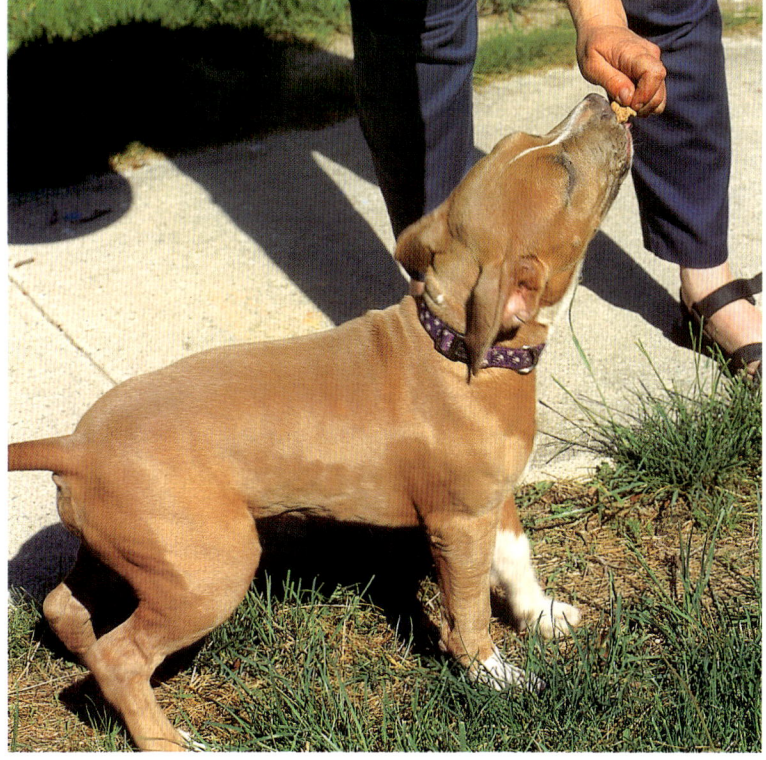

Nach erfolgreicher Übung belohnt man den Hund immer mit viel Lob und manchmal einem schmackhaften Bissen!

Auf Schönheitsausstellungen wird der Pit Bull danach bewertet, wie nahe er dem Idealbild des Rassestandards kommt.

den dritten auf drei Punkte. Bei den Klassen für ausgewachsene Hunde zählt ein erster Platz zehn Punkte, ein zweiter fünf, ein dritter drei Punkte. Wiederum erhöht sich der Punktewert, wenn zumindest zehn weitere Hunde im Wettbewerb stehen. Dann gelten für den ersten Platz fünfzehn Punkte, für den zweiten acht Punkte und für den dritten fünf Punkte. Ein Sieg als *Best in Show* bringt fünfzehn Punkte, *Best of Opposite Sex* und *Best Puppy* zählen jeweils zehn Punkte.

Um einen Championatstitel zu erringen, muß ein Hund einhundert Punkte sammeln, hierfür gibt es kein Zeitlimit. Ist ein Hund dann Champion geworden, konkurriert er in der *Champion of Champions class* gegen andere Hunde mit Championatstitel. In einer solchen Klasse zählt der erste Platz fünfzehn Punkte, der zweite zehn, der dritte fünf Punkte. Der Championatstitel ist der einzige ausgeschriebene Titel für American Pit Bull Terrier auf ADBA-Ausstellungen, wird nach den ersten hundert Punkten zugesprochen. Aber jede zusätzlichen hundert Punkte, die ein Hund nach seinem Championat noch sammelt, heben ihn im Grad seines Championatsstatus weiter an.

Die Ausstellungen des UKC sind ebenfalls auf einem Punktesystem aufgebaut, wiederum werden die Wettbewerber nach Alter und Geschlecht in die Klassen aufgeteilt. Rüden und Hündinnen konkurrieren getrennt in jeder der nachfolgenden Klassen: Puppy (zumindest sechs Monate, weniger als ein Jahr alt), Junior (zumindest ein Jahr, aber noch keine zwei Jahre alt), Senior (zwei Jahre, aber weniger als drei Jahre alt) und Veteran (drei Jahre und älter). Ein Sieg in jeder dieser Klassen zählt fünf Punkte. Der beste Rüde und die beste Hündin der Ausstellung werden aus diesen Siegern ausgewählt, jeder erhält zehn Punkte. Der *Best in Show-Winner* erhält zwölf Punkte. Hunde, die bereits den Titel *Show Champion* (Ch.) oder *Grand Show Champion* (Gr. Ch.) errungen haben, konkurrieren künftig entweder in der *Champion of Champion class* oder in der *Grand Champion class*.

Den Titel Show Champion gewinnt ein Hund mit einem Minimum von hundert Punkten, die er zumindest unter drei verschiedenen Richtern erreicht haben muß. Außerdem wird

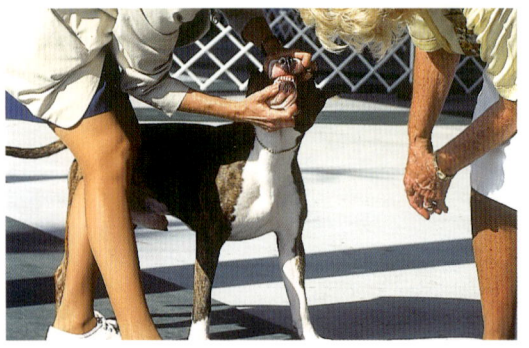

Der Hund muß sich daran gewöhnen ruhig zu stehen, während er vom Richter auf anatomischen Aufbau bewertet wird.

→

←

Hund wie Besitzer brauchen Zeit, um sich an die Ausstellungsroutine zu gewöhnen. Hier zeigt der Hundeführer das Gebiß seines Hundes.

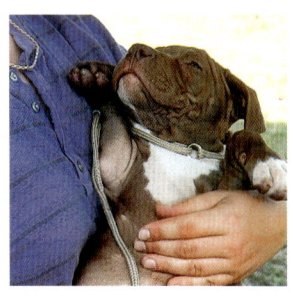

zumindest ein Hauptsieg *(major)* verlangt - nämlich *Best Male* oder *Best Female*. Der Titel *Grand Show Champion* wird errungen, wenn man zumindest unter drei verschiedenen Richtern drei *Champion of Champions wins* errungen hat.

Es ist kennzeichnend, Hundevorführer (handler) achten besonders auf ihr eigenes Aussehen. Alles, was vom Hund ablenken könnte, wird nicht getragen, aber nach Möglichkeit Kleidungsstücke, die den Eindruck des Hundes verstärken. Das Geschehen in amerikanischen Ausstellungsringen ist im Vergleich mit dem in anderen Ländern sehr stark durch Formalitäten geprägt. Ich erinnere mich, daß mich ein Richter tadelte, weil ich einem Freund, der meinen zweiten Hund außerhalb des Rings hielt, einen Hinweis gab. Hier hätte ich bestimmt etwas diskreter vorgehen müssen, um keine Aufmerksamkeit auf mich zu ziehen. Zwischen Richter, Aussteller und all den anderen Ausstellern wird eine bestimmte Etikette erwartet. Natürlich ist dies nicht immer gegeben, aber beim Richter setzt man die Höflichkeit voraus, daß er sich in keine Gespräche einläßt oder auch nur zu erkennen gibt, daß er den Vorführer persönlich kennt. Soweit ich beobachtet habe, gibt es auf den Ausstellungen in anderen Ländern eine entspanntere, weniger formelle Atmosphäre. Beispielsweise ist dort die Kleidung mehr zufällig. Mir ist völlig klar, wo für Aussteller, insbesondere für Neulinge, das Ausstellen mehr Freude macht. In vielen Hunderassen ist das Land USA sehr auf den Vorführer orientiert. Tatsache ist, daß in den meisten Fällen ein erfahrener, beruflich orientierter *Handler* den Hund besser zu präsentieren vermag, natürlich auch ein besseres Gefühl dafür hat, was gerade ein bestimmter Richter bevorzugt.

Wenn Du Deinen Hund selbst vorführst, solltest Du schon etwas auf Dein Äußeres achten. Richtig, die Kleidungsregeln auf kleineren Ausstellungen sind lässiger als auf Championatsausstellungen, wo die begehrten Championatspunkte ausgeschrieben sind. Trotzdem solltest Du auch auf kleinen Ausstellungen etwas Angepaßteres tragen als Strandkleidung oder zerlumpte Jeans und nackte Füße. Wenn Du Dir die anderen Vorführer ansiehst, beobachtest, was gerade modisch erscheint, wirst Du schon das Richtige tun. Männer tragen in der Regel Hemd und Krawatte, eine hübsche sportliche Jacke. Männer wie Frauen sollten vor allen Dingen bequeme Kleidung und Schuhe wählen. Du mußt mit Deinem Hund auch laufen können, solltest dabei sicherlich nicht riskieren zu stolpern, zu fallen und Dich möglicherweise selbst zu verletzen. Der Himmel weiß - es gibt nichts, was den eigenen Hund mehr nervös machen würde. Frauen tragen in der Regel ein Kleid oder ein zweiteiliges Ensemble, nach Möglichkeit mit Taschen, in denen ein Leckerbissen, Kamm und Bürste stecken. In dieser Frage haben es die Männer besser - mit all ihren vielen Taschen. Frauen sollten allerdings etwas darüber nachdenken, wo sich ihre Kleidung befindet, wenn sie sich auf den Boden knien oder schnell laufen müssen. Bietet die Kleidung immer die notwendige Freiheit?

Vor einigen Jahren schleppte ich alle möglichen Ausstellungsutensilien mit mir herum, inzwischen habe ich viel gelernt. Für die Ausstellung sollte man Folgendes - neben dem Hund - mitnehmen: Käfig, Kugelschreiber, alte Zeitungen, Wassernapf und Trinkwasser, Pflegewerkzeug, Vorführleine, Tisch, Stuhl, Leckerbissen für den Hund, Mittagessen für Dich und Deine Begleiter. Zuletzt - aber nicht weniger wichtig - Säuberungsmaterial wie Plastikbeutel, Papiertücher und vielleicht ein Badetuch, etwas Hundeshampoo - für den Notfall. Vergiß in der Eile Deine Einlaßkarte und Meldebestätigung nicht.

Trittst Du nicht auf einer Schönheitsausstellung, sondern auf einem Unterordnungswettbewerb auf, trägst Du am besten Hosen. Viele unserer Spitzenvorführer tragen Hosen, die zu den Farben ihrer Hunde passen. Die Philosophie lautet, daß die Unvollkommenheiten eines schwarzen Hundes vor schwarzen Hosen weniger auffallen.

Ob Schönheitsausstellung oder Unterordnungswettbewerb, achte immer auf die Zeit, vergiß Deinen Auftritt nicht. Es ist üblich, die Ringnummer einige Minuten vor dem Beginn des Richtens auszuteilen. Sie warten nicht auf Dich, wenn Du gerade über die Ausstellung spazieren gehst, nicht zur rechten Zeit im Ring antrittst. Dies löst verbreitet Ärger aus. Es macht auch Schwierigkeiten, sich die Ringnummer noch zu besorgen, wenn das Richten schon begonnen hat. Häufig führt auch das nicht rechtzeitige Abholen der Ringnummer dazu, daß man aus dem Wettbewerb ausscheidet. Am besten holt man sich seine Ringnummer frühzeitig. Manchmal wird, falls zuvor Aussteller nicht angetreten sind, die Klasse auch früher aufgerufen als ausgeschrieben. Es ist üblich, alle Einzelheiten vor dem Start der Klasse erforderlichenfalls nochmals mit dem Richter zu besprechen.

CANINE GOOD CITIZEN

In allen Ländern schreiben die Zuchtverbände Wettbewerbe aus, die den Hundebesitzern Anreiz bieten, ihre Hunde zu erziehen. In Deutschland steht beispielsweise der *Verkehrssichere Begleithund (VB)* im Wettbewerb. Der American Kennel Club (AKC) veranstaltet ein anderes Programm, das von den örtlichen Unterorganisationen ausgetragen wird. Dabei werden einige Tests durchgeführt. Hunde, die diese bestehen, erhalten das *Canine Good Citizen Certificate*. Voraussetzung für die Zulassung ist nachgewiesener Impfschutz. Durch die Tests wird geprüft:

Um die Prüfung »Canine Good Citizen« zu bestehen - vergleichbar dem »Verkehrssicheren Begleithund« - muß der Hund Fremden gegenüber freundlich reagieren, sich auch streicheln lassen. Dieser Pit Bull ist auf gutem Wege, die Prüfung zu bestehen.

1. Verhalten gegenüber einem freundlichen Fremden.
2. Sich freundlich sitzend von Fremden streicheln lassen.
3. Selbstsicheres Auftreten und guter Pflegezustand.
4. Gehen an loser Leine.

»Dürfen wir jetzt aufstehen?« »Platz - Bleib da« ist schon schwierig genug, auch ohne Gänseküken in nächster Nähe. Diese gut erzogenen Pit Bulls leisten tüchtige Arbeit.

5. Gehen durch eine Menschengruppe.
6. Sitz und Platz auf Kommando und an Ort und Stelle bleiben.
7. Auf Ruf kommen.
8. Verhalten gegenüber anderen Hunden.
9. Reaktion auf Ablenkungen.
10. Verhalten, wenn vom Besitzer getrennt.

Wenn Hundeliebhaber sich mehr darum bemühten, solche Übungen zu bestehen, verlören viel weniger Hunde ihren Platz in der Gesellschaft.

UNTERORDNUNGSWETTBEWERBE

Gehorsam ist eine Notwendigkeit - ganz ohne Zweifel. Unterordnungswettbewerbe können aber auch zu einem wunderbaren Hobby werden, sogar zur Besessenheit. Nach meiner Erfahrung führen Unterordnungsklassen und -wettbewerbe zu wunderbaren Gemeinsamkeiten, nicht nur mit dem eigenen Hund, sondern auch mit anderen Hundebesitzern und Mitbewerbern. Es ist es immer wert, Probleme mit dem eigenen Hund mit anderen zu besprechen, die ähnliche Erfahrungen haben. Schon seit 1936 führt der AKC Unterordnungswettbewerbe durch, und es hat sich vieles gewandelt, wenn auch viele der Grundübungen die gleichen sind. Heute ist der Unterordnungswettbewerb genau das, was er sein soll - sehr hart im Wettbewerb! Trotzdem ist es für jeden Teilnehmer möglich, als Sieger nach Hause zu kommen (durch Erreichen von Qualifikationspunkten), selbst wenn er/sie in der Klasse nicht einmal eine Plazierung erringt. Wenn auch der American Pit Bull Terrier keine vom American Kennel Club (AKC) anerkannte Hunderasse ist, kann er bei diesen Übungen dennoch in Wettbewerb treten, nur nicht bei Schönheitswettbewerben.

Die meisten Unterordnungstitel werden nach dem Erreichen der notwendigen Qualifikationspunkte in den jeweiligen Klassen unter drei verschiedenen Richtern erreicht. Die einzelnen Klassen bieten eine volle Punktzahl von 200, die aber extrem selten erreicht werden. Jede Übung in den Klassen hat ihre eigene Punktzahl. Eine qualifizierende Punktzahl erfordert zumindest 170 Punkte insgesamt, in jeder Einzelübung ein Minimum von 50 % der ausgeschriebenen Punkte. Nachstehende Titel stehen im Wettbewerb:

Companion Dog-CD
Man kann dies als eine *Novice Class* sehen, die Aufgaben lauten:

1. Leinenführigkeit auf einer Achterfigur	40 Punkte
2. Stehen und sich prüfen und abtasten lassen	30 Punkte
3. Freifolgen bei Fuß	40 Punkte
4. Herankommen	30 Punkte
5. Langes Sitz - eine Minute	30 Punkte
6. Langes Platz - drei Minuten	30 Punkte
Maximale Punktzahl	200 Punkte

Companion Dog Excellent-CDX
Dies ist die schwierige Offene Klasse mit nachstehenden Übungen:

1. Freifolgen ohne Leine auf einer Achterfigur	40 Punkte
2. Platz beim Herankommen	30 Punkte
3. Apportieren auf ebenem Boden	20 Punkte
4. Apportieren über Hürde	30 Punkte
5. Weitsprung	20 Punkte
6. Langes Sitz - drei Minuten (Führer außer Sicht)	30 Punkte
7. Langes Platz - fünf Minuten (Führer außer Sicht)	30 Punkte
Maximale Punktzahl	200 Punkte

Weitsprungübung beim Breitensport, für diesen Pit Bull eine Kleinigkeit.

Utility Dog-UD

Die Übungen bei der Utility Class sind:

1. Gehorsam auf Handzeichen	40 Punkte
2. Geruchsunterscheidung - Gegenstand 1	30 Punkte
3. Geruchsunterscheidung - Gegenstand 2	30 Punkte
4. Apportieren nach Weisung	30 Punkte
5. Bewegung, Stehen und Überprüfung	30 Punkte
6. Springen nach Anweisung	40 Punkte
Maximale Punktzahl	200 Punkte

Nach dem Erringen des UD-Titels mag der eine oder andere Hundebesitzer sich den UDX und/oder OTCh zum Ziel setzen. Der UDX-Titel (Utility Dog Excellent) wird seit Januar 1994 ausgetragen, enthält beträchtliche Schwierigkeiten. Voraussetzung für den Titel ist jeweils gleichzeitiges Qualifizieren zehnmal in *Open B* und *Utility B*, nicht aber notwendigerweise auf hintereinander folgenden Wettbewerben.

Den Titel OTCh (Obedience Trial Champion) erringt ein Hund nach dem UD, danach Erreichen von hundert weiteren Championatspunkten, einen ersten Platz in *Utility,* einen ersten Platz in *Open* und ein weiterer erster Platz in einer dieser Klassen. Die Plazierungen müssen unter drei verschiedenen Richtern auf für alle Rassen offenstehenden Unterordnungswettbewerben gewonnen werden. Die Punktzahl bestimmt sich nach der Hundezahl, die in *Open B-* und *Utility B-Klassen* untereinander in Wettbewerb stehen. Der Titel OTCh steht vor dem Hundenamen.

Es gibt auch *Obedience Matches* (AKC Sanctioned, Fun und Show and Go). Sie werden in der Regel von örtlichen Hundevereinen ausgetragen. Gerade zur Ausbildung eines Hundes für den Unterordnungstitel erweisen sich diese *Matches* als recht hilfreich. *Fun Matches* und *Show and Go Matches* sind weniger streng, man kann selbst im Ring seinen Hund noch korrigieren. Ich erziehe häufig (korrigiere) im Ring, informiere im voraus den Richter darüber, er markiert dann meinen Hund als *exhibition*. Dies bedeutet, daß ich um keinen Preis konkurriere. Für spätere *Open Classes* und *Utility Classes* erweist sich diese Erziehungsmethode als sehr nützlich. Offizielle *AKC Sanctioned Obedience Matches* erlauben im Ring keine Korrekturen, sie unterliegen den strikten *AKC Obedience Regulations*. Wenn Du ernsthaft auf Unterordnungsprüfungen in Wettbewerb treten willst, solltest Du mit dem AKC Verbindung aufnehmen, Dir die *Obedience Regulations* in neuester Fassung zusenden lassen.

FÄHRTENARBEIT - TRACKING

Offiziell wird *Tracking* unter *Obedience* klassifiziert, nach meinem Gefühl verdiente die Fährtenarbeit aber ihre eigene Kategorie. Über Fährtenarbeiten gibt es drei Titel: *Tracking*

Dog (TD), Tracking Dog Excellent (TDX), Variable Surface Tracking (VST). Hat ein Hund alle drei Fährtentitel erreicht, wird der Hund zum offiziellen CT (Champion Tracker). Der Titel CT steht immer vor dem Namen des Hundes.

Der Titel TD kann zu jeder Zeit erworben werden, hat keine anderen Obedience titles zur Voraussetzung. Viele Hundefreunde bevorzugen die Fährtenarbeit gegenüber der Unterordnung, es gibt andere Hundesportler wie ich selbst, die beide Sportarten betreiben. Nach meinen Erfahrungen gerade mit kleineren Hunden bevorzuge ich es, erst die Titel CD und CDX zu erwerben, ehe ich mit der Fährtenarbeit beginne. Der Grund hierfür liegt darin, daß kleine Hunde immer im Obedience Ring viel näher am Boden sind, es viel zu leicht passiert, daß sie die Nase heruternehmen, überall herumschnüffeln. Tracking verstärkt solches Schnüffeln, natürlich von Hund zu Hund verschieden. Ich besaß einige Hunde, die immer am Ringboden entlang suchten, andere wieder (TDXs), die im Unterordnungsring nie auf die Idee verfielen, am Boden zu schnüffeln.

AGILITY

Im Februar 1978 führte John Varley auf Crufts Dog Show erstmals den Agility Sport ein, tatsächlich aber entwickelte Peter Meanwell, Hundesportler und Richter, in England diese Sportart. Offizielle Anerkennung fand sie Anfang der 80er Jahre. In England wie Kanada ist Agility außerordentlich populär, erfreut sich auch in den USA wachsender Popularität. Seit August 1994 erkennt auch der AKC die Agility an. Die Hunde müssen zumindest zwölf Monate alt sein, ehe sie in Wettbewerb treten dürfen. Ein faszinierender Sport, an dem Hunde, Vorführer und Zuschauer außerordentlich viel Spaß haben. Agility ist ein Zuschauersport! Der Hund wird ohne Leine vorgeführt. Entweder läuft der Vorführer gemeinsam mit seinem Hund oder stellt sich in den Parcours, dirigiert seinen Hund mit Wort und Handzeichen über einen zeitlich vorgegebenen Parcours über eine Vielzahl von Hindernissen, darunter auch eine kurze Pause (time out). Zu den Hauptschwierigkeiten des Agility Sports gehört das Finden eines geeigneten Übungsgeländes. Die Hindernisse brauchen sehr viel Platz, es ist recht zeitraubend, die Parcours auf- und wieder abzubauen.

Die amerikanischen AKC-Agility-Titel sind Novice Agility Dog (NAD), Open Agility Dog (OAD), Agility Dog Excellent (ADX) und Master Agility Excellent (MAX). Um die Punktzahl für den Agility-Titel zu erringen, braucht man die Qualifikationspunkte in der jeweiligen Klasse auf drei verschiedenen Prüfungen unter zwei verschiedenen Richtern. Der Titel MAX wird vergeben, wenn der Hund in der Agility Excellent Class zehnmal die qualifizierende Punktzahl erreicht.

LEISTUNGSTESTS

Über das letzte Jahrzehnt hat der American Kennel Club eine Reihe von Leistungstests gefördert, einzelne Prüfungen, in denen die natürlichen Fähigkeiten bestimmter Rassen getestet werden. Derartige Veranstaltungen ermutigen den Vorführer, seinem Hund noch mehr Zeit zu widmen, um die natürlichen Instinkte als Rasseerbe zu bewahren. Dies ist ein ganz wichtiger Teil der wunderbaren Welt der Hunde. Dabei sieht man im American Pit Bull Terrier einen der vielseitigsten und talentiertesten aller Rassen. Obgleich die Mehrzahl nachstehender Prüfungen für ganz bestimmte Hundetypen ausgerichtet wurden, haben sich

American Pit Bull Terrier - falls sie zu den Wettbewerben zugelassen sind - laufend gut bewährt, hervorragende Ergebnisse erzielt.

Lure Coursing

Zugelassen für alle Windhunde (Afghanen, Basenjis, Barzois, Greyhounds, Ibizans, Irish Wolfhounds, Pharaoh Hounds, Rhodesian Ridgebacks, Salukis, Scottish Deerhounds und Whippets).

Die Teilnehmer müssen zumindest ein Jahr alt sein, auch Hunde mit beschränkter Eintragung (limited registration) sind zugelassen. Nachgejagt wird einer Beute aus drei Plastikbeuteln. Bewertet wird die Gesamtgeschicklichkeit, die Geschwindigkeit, Beweglichkeit und Ausdauer. Wie die anderen AKC-Leistungsprüfungen gibt das *Lure Coursing* dem Hund Gelegenheit nachzuweisen, daß er auch heute die ursprünglich seiner Rasse gestellte Aufgabe bewältigt.

Junior Courser (JC)

Ein einzeln laufender Windhund erhält vom Richter bei einer Veranstaltung das Zertifikat, gefolgt von einem zweiten zu einem späteren Zeitpunkt. Darauf wird bestätigt, daß der Hund über eine 600-Yard-Bahn mit einem Minimum von vier Wendungen gelaufen ist. Der Windhund muß den Parcours mit Begeisterung und ohne jegliche Unterbrechung absolvieren.

Senior Courser (SC)

Der Hund muß nach der Ausschreibung zum Wettbewerb zugelassen sein, zumindest gemeinsam mit einem zweiten Rennhund laufen. Auf vier AKC-lizenzierten Veranstaltungen oder Mitgliederläufen unter zwei verschiedenen Richtern muß er die Mindestqualifizierungspunktzahl erreichen.

Field Championship (FC)

Dieser Titel wird dem Namen des Hundes vorangestellt. Der Hund muß ingesamt fünfzehn Championatspunkte erzielen, darunter zwei Erstplazierungen mit drei oder mehr Punkten unter zwei verschiedenen Richtern.

Earthdog Events - Erdhunde-Prüfungen

Ausgeschrieben für kleine Terrier (Australian, Bedlington, Border, Cairn, Dandie Dinmont, Fox, Lakeland, Norfolk, Norwich, Scottish, Sealyham, Skye, Welsh, West Highland White) und für Dachshunde.

Auch Hunde mit limited registrations (ILP) sind zugelassen, alle Teilnehmer müssen zumindest sechs Monate alt sein. Das Hauptziel von kleinen Terrierrassen und Dachshunden liegt im Verfolgen des Raubzeugs unter der Erde, dort Stellen des Wildes, Aufmerksammachen des Jägers, wo er graben kann, oder das Wild aus dem Bau sprengen.

Die zwei Hauptbestandteile des Tests sind: 1. Annäherung an die Beute. 2. Arbeiten am Raubzeug. Für einen *Junior Earthdog (JE)* muß der Hund beide Aufgaben bestehen. Für den *Senior Earthdog (SE)* bedarf es einer dritten Prüfung - auf Kommando den Bau wieder zu verlassen. Das Erreichen des *Master Earthdog (ME)* ist noch um einiges komplizierter.

Jagdhunde-Titel

Für Retriever, Vorstehrassen und Spaniels. Angebotene Titel sind *Junior Hunter (JH), Senior Hunter (SH)* und *Master Hunter (MH)*.

Stöbern für Spaniels

Die Hauptaufgabe besteht im Jagen, Finden, Aufstöbern und Apportieren der Vögel, so schnell wie möglich in angenehmer, gehorsamer Art direkt in die Hand des Jägers. Der Wettbewerber muß zumindest sechs Monate alt sein, auch Hunde mit *limited registration (ILP)* sind zugelassen. Die Jagdtiere sind Tauben, Fasane und Wachteln.

Retriever

Retriever mit *limited registration* sind nicht zugelassen. Die Zielsetzung des Tests sind Überprüfung und Bewertung der Apportierfähigkeiten im Jagdrevier, um ihre Leistung und Einsatzbereitschaft als Jagdgefährte zu bestimmen. Zu apportierendes Wild sind Hühner, Fasane, Enten, Tauben und Wachteln.

Vorstehrassen

Mindestalter sechs Monate, auch Hunde mit *limited registration (ILP)* zugelassen. Ausgeprägte Jagdpassion muß gezeigt werden. Gefordert ist eine schnelle, aber wirksame Vorsteharbeit. Die gewünschte Intelligenz zeigt sich nicht nur im Suchen, sondern inbesondere im Entdecken und Vorstehen. Eindeutige Vorstehhaltung ist gefordert. Bei fortgeschrittenen Tests müssen die Hunde auch bei abfliegendem Vogel stehen bleiben, solange an Ort und Stelle verharren, bis der Vogel abgeschossen ist oder sie abgerufen werden.

Ein Senior Hunter muß zusätzlich apportieren, ein Master Hunter die Fährte verfolgen. Richter und Jagdleiter dürfen die Jagd zu Pferde begleiten, der Hundeführer arbeitet zu Fuß.

HÜTEHUNDE-PRÜFUNGEN

In den USA sind hier alle Hütehunderassen, außerdem Rottweiler und Samoyeden zugelassen. Mindestalter neun Monate. Auch Hunde mit *limited registration (ILP)* sind zugelassen. Das Hütehundeprogramm ist aufgeteilt in Veranlagungstests und Leistungsprüfungen. Ziel dieser Prüfungen ist es nachzuweisen, daß die Hütehunde in verschiedenen Situationen unverändert ihre Aufgaben zu erfüllen vermögen. Nachstehende Titel werden vergeben: *Herding Started (HS), Herding Intermediate (HI)* und *Herding Excellent (HX)*. Wurde die Prüfungsstufe HX erreicht, kann man durch Sammeln von 15 Championatspunkten das *Hütehunde-Championat (Herding Championship)* erringen.

Vorstehende Informationen entstammen den AKC-Guidelines.

SCHUTZHUND

Das deutsche Wort *Schutzhund* hat sich weltweit durchgesetzt. Auch in den USA handelt

Pit Bulls bewähren sich bei der Schutzhundeausbildung gut, viele haben Titel in höheren Leistungsstufen erworben.

es sich um einen schnell wachsenden Wettbewerbssport, in England gibt es ihn schon seit Anfang 1900. Die Schutzhundeprüfung wurde ursprünglich in Deutschland für Deutsche Schäferhunde entwickelt. Durch diese Prüfung wird festgestellt, ob der Hund gutes Wesen und Arbeitsfähigkeiten besitzt. Wie alle anderen Hundesportarten erfordert auch sie gutes Teamwork zwischen Führer und Hund.

Die Schutzhundeausbildung erstreckt sich auf drei Gebiete: Fährtenarbeit, Unterordnung und Schutzdienst. Drei Leistungsstufen werden prüfungsmäßig kontrolliert, SchH I (Grundstufe), SchH II (Zwischenstufe) und SchH III (Fortgeschrittene). Bei jedem Titel steigen die Anforderungen. In jeder Disziplin werden 100 Punkte vergeben, Fehler führen zum Punkteabzug. Eine Gesamtpunktzahl von 300 gibt es bei Vollendung. Zum Bestehen der Prüfung müssen mindestens 70 Punkte auf der Fährte und bei der Unterordnung, 80 Punkte beim Schutzdienst erlangt werden. Heute gibt es eine Vielzahl von Hunderassen, die erfolgreich an Schutzhundeprüfungen teilnehmen.

ALLGEMEINE INFORMATIONEN
Spezialinformationen über den American Pit Bull Terrier erhält man von der ADBA und vom UKC. Allgemeine Informationen über das Hundewesen und Leistungsprüfungen sollte

man beim AKC anfordern. Die meisten Leistungsprüfungen werden von ihm überwacht. Informationen über den Hundesport und über Leistungsprüfungen erhält man auf dem Kontinent von den drei Spitzenhundezuchtorganisationen in Deutschland, Schweiz und Österreich. Nachstehend die Adressen:

The American Kennel Club
51 Madison Avenue
New York, NY 10010

Verband für das Deutsche Hundewesen e.V. (VDH)
Westfalendamm 174
D-44141 Dortmund

The American Dog Breeders
Association
Box 1771
Salt Lake City, UT 84110

Österreichischer Kynologenverband (ÖKV)
Johann-Teufel-Gasse 8
A-1238 Wien

The United Kennel Club
100 E. Kilgore Rd.
Kalamazoo, MI 49001

Schweizerische Kynologische Gesellschaft (SKG)
Länggasstraße 8/Case Postale 8217
CH-3001 Bern

Wir haben gezeigt, es gibt eine Vielzahl von Aktivitäten für Dich und Deinen Hund. Alle diese Aufgaben erfordern ein gutes *Teamwork*. Dein Hund kann nur von Deiner Aufmerksamkeit und Deiner Ausbildung profitieren. Ich hoffe, dieses Kapitel hat Dir interessante Anregungen vermittelt. Zumindest solltest Du Dir einmal persönlich eine Hundeausstellung oder eine Leistungsprüfung ansehen, um ein genaues Bild zu gewinnen. Vielleicht beginnst Du mit Deinem Junghund im Welpenkindergarten - wer weiß, wohin das dann am Ende führt!

Es gibt sehr viele Arten des Leistungssports, für die sich der Pit Bull eignet. Prüfe alle Angebote, Arbeiten mit dem Hund macht Spaß.

GESUNDHEITSFÜRSORGE

Die Veterinärmedizin hat gegenüber den Zeiten unserer Vorfahren gewaltige Fortschritte gemacht. Mit ursächlich hierfür sind die wachsende Anzahl der in den Familien gehaltenen Haustiere, entsprechend höhere Anforderungen an ihre Pflege. Auch die den Menschen betreuende Medizin ist wesentlich umfassender geworden. Die in der Veterinärmedizin heute verfügbaren diagnostischen Geräte stehen auf gleich hohem Qualitätsstandard wie die für den Menschen. Aufgrund der besseren Technologie können wir davon ausgehen, daß unsere Hunde gesünder leben, hat sich die Lebenserwartung dadurch erhöht.

ERSTE KONTROLLUNTERSUCHUNG

Im Grundsatz sollte man den neu gekauften Welpen oder auch den erwachsenen Hund innerhalb der ersten 48 - 72 Stunden nach dem Kauf dem Tierarzt zur Kontrolluntersuchung vorstellen. Viele Züchter empfehlen dies, ebenso die Tierschutzorganisationen. Ein Welpe wie ein ausgewachsener Hund können völlig gesund erscheinen, trotzdem schwere, dem Laien nicht erkennbare Probleme haben. Die meisten Haustiere werden einen oder mehrere kleine Fehler aufweisen, die aber in der Regel keine ernsthaften Probleme auslösen.

Liegt aber bei dem Hund möglicherweise ein ernsthafter Fehler vor, sollte man die Konsequenzen genau überlegen, einen solchen Hund zu behalten, denn es baut sich schnell eine enge Verbindung auf, die möglicherweise dann vorzeitig wieder zerbricht. Es ist völlig klar, es gibt eine Vielzahl gesunder Hunde, die ein gutes Zuhause suchen.

Die erste Kontrolluntersuchung ist auch der richtige Zeitpunkt, sich mit dem Tierarzt vertraut zu machen, seine Praxis kennenzulernen, Sprechstunden und Dienstbereitschaft für Notfälle zu erfragen. Im allgemeinen können Züchter und erfahrene Hundebesitzer den Neuling beraten, wo er einen guten Tierarzt findet. Es ist völlig eindeutig, nicht alle Tierärzte erbringen eine völlig gleiche Leistung. Natürlich sollte man seine Auswahl auch nicht nach der billigsten Tierklinik ausrichten, vielleicht hat diese für Deinen Hund dann auch viel zu wenig Zeit. Es ist durchaus wahrscheinlich, daß Du bei einem Tierarzt, der wenig Zeit hat, durch ungenaue Diagnose und Behandlung mehr Geld los wirst als bei einem anderen. Bei Deinem Kennenlernen des neuen Tierarztes kannst Du durchaus bitten, daß man Dir die ganze Einrichtung zeigt. Schon bei der Anmeldung solltest Du zum Ausdruck bringen, daß Du die Praxis etwas näher kennenlernen möchtest. Die meisten Praxen arbeiten hart, stehen nicht immer den ganzen Tag über für Besucher zur Verfügung. Wenn Du Dir alles genau angesehen hast, ist es für Dich sicherlich weniger belastend, wenn Dein Hund auch einmal in der Klinik untergebracht werden muß.

DIE UNTERSUCHUNG

Zunächst kontrolliert der Tierarzt die Gesamtkondition Deines Hundes. Dazu gehören auch Herzkontrolle, Atemkontrolle, Abtasten des Bauches, der Muskeln und Gelenke, Über-

Ein sehr vielversprechender Welpe! Gute Gesundheitsbetreuung von Anfang an sorgt dafür, daß unser Hund später ein erfülltes und aktives Leben führen kann.

prüfung der Fangpartie einschließlich Zahnfleischfarbe, Zahnfleischgesundheit, Gebißkontrolle auf Zahnzustand und Zahnsteinbildung, Untersuchung der Ohren auf Anzeichen von Infektion oder Ohrmilbenbefall. Weiter erfolgen Augenkontrolle und als Letztes - aber nicht weniger wichtig - genaue Prüfung von Haut und Fell.

Meist fragt er nach dem Fressen des Hundes, Stuhlgang, Urinieren, bittet Dich selbst Fragen zu stellen. Am besten macht man sich vorher eine Liste, so vergißt man nichts. Man sollte die richtige Ernährung und Futtermenge besprechen. Kommt es zu Abweichungen gegenüber der Empfehlung des Züchters, mußt Du demTierarzt die Ratschläge des Züchters vorlegen, fragen ob er sie billigt. Empfiehlt er trotzdem eine Ernährungsumstellung, sollte diese am besten über eine Reihe von Tagen erfolgen, so daß es nicht zu Verdauungsstörungen kommt. Im allgemeinen sollte man immer eine frische Stuhlprobe mitnehmen (nur eine kleine Menge), den Hund auf innere Parasiten überprüfen lassen. Die Stuhlprobe muß frisch sein, maximal zwölf Stunden alt, denn die Wurmeier schlüpfen schnell, sind nach dem Schlüpfen unter dem Mikroskop nicht mehr zu beobachten.

SCHUTZIMPFUNGEN

Beim Tierarztbesuch solltest Du immer den Impfpaß Deines Hundes mitführen. Bei Welpen müßte der Züchter die ersten Impfungen durchgeführt haben, man findet diese im Impfpaß. Bei den Tierärzten gibt es in ihrem Impfschema Unterschiede. Im allgemeinen erhält der Junghund etwa im Alter von acht Wochen Schutzimpfungen gegen Staupe, Hepatitis, Leptospirose, Parvovirose und Parainfluenza. Meist verwendet man dabei eine kombinierte Schutzimpfung namens DHLPP. Diese Impfung wird meist im Alter von 12 bis 14 Wochen verabreicht, gewöhnlich erfolgt dann eine zweite Parvovirose-Impfung mit 16 - 18 Wochen. Sicherlich wunderst Du Dich, wie viele Schutzimpfungen notwendig sind. Niemand weiß genau, wann die mütterlichen Antikörper, die über die Muttermilch aufgenommen werden, beim Welpen abgebaut sind. Bei Staupe geht man davon aus, daß dies mit 12 Wochen der Fall ist. Antikörper gegen Parvovirose brauchen zum Abbau 16 - 18 Wochen. Es ist aber auch durchaus möglich, daß diese Antikörper viel früher oder auch erst einige Zeit später unwirksam werden. Aus diesem Grunde wird mit der Schutzimpfung früh begonnen. Wissen muß man noch, daß solange mütterliche Antikörper vorhanden sind, der

Schutzimpfung bewahrt den Hund vor lebensbedrohenden Infektionserkrankungen. Der Tierarzt erarbeitet den für den einzelnen Hund passenden Impfplan.

Über die Muttermilch erhalten Welpen Antikörper, die sie über die ersten sechs Lebenswochen gut schützen.

Impfstoff keine Immunität auslösen kann.

Die Schutzimpfung gegen Tollwut erfolgt im allgemeinen zwischen drei und sechs Monaten je nach der örtlichen Gesetzgebung. Eine Impfung gegen Bordetella (Zwingerhusten) ist ratsam, kann ab der fünften Woche jederzeit erfolgen. Impfung gegen den Coronavirus ist seltener, hier handelt es sich in der Regel um ein lokales Infektionsproblem. Die *Lyme disease* wird aus 47 Staaten berichtet, in diesen befallenen Bereichen empfiehlt sich eine Schutzimpfung.

Staupe

Einmal ausgebrochen ist diese Krankheit nie völlig zu heilen. Selbst wenn der Hund sich erholt, bleiben schwere nervliche Störungen. Das Virus greift jedes Körpergewebe an, die Erkrankung ähnelt äußerlich einer schweren Grippe mit Fieber. Das Virus löst Ausfluß aus Nase und Augen aus, führt zu Verdauungsstörungen einschließlich schlechtem Appetit, Erbrechen und Durchfall. Es wird von Waschbären, Füchsen, Wölfen, Nerzen und anderen Hunden übertragen. Nicht geimpfte Jungtiere aber auch alte Hunde sind besonders anfällig, Auch heute ist die Staupe eine verbreitete Erkrankung.

Hepatitis

Eine Viruserkrankung, die besonders für sehr junge Welpen außerordentlich gefährlich ist. Die Verbreitung erfolgt durch Kontakt mit einem infizierten Tier, seinem Stuhlgang oder Urin. Das Virus befällt Leber und Nieren, charakteristisch sind hohes Fieber, Abgeschlagenheit und fehlender Appetit. Tiere, welche die Krankheit überstanden haben, leiden meist an chronischen Erkrankungen.

Leptospirose

Eine Bakterienerkrankung, übertragen durch Urinkontakt eines befallenen Hundes, einer Ratte oder eines anderen Wildtieres. Die Folge sind schwere Fiebersymptome, Abgeschlagenheit, Gelbsucht, innere Blutungen. Vor der Schutzimpfung verlief die Krankheit immer tödlich. Hunde, welche die Krankheit überstanden haben, können Träger sein. Die Krankheit kann auch von Hunden auf Menschen übertragen werden.

Parvovirose

Erstmals Ende der 1970er Jahre aufgetreten, noch heute eine meist tödliche Erkrankung. Durch Schutzimpfung, Frühdiagnose und sofortige Behandlung kann man die Krankheit unter Kontrolle bringen. Sie greift das Knochenmark und den Darmtrakt an. Zu den Symptomen gehören Abgeschlagenheit, Appetitverlust, Erbrechen, Durchfall und Kollaps. Sofortige medizinische Betreuung ist lebensnotwendig.

Tollwut

Sie wird durch Speichel übertragen. Träger sind Füchse, Waschbären, Skunks, Katzen, andere Hunde u.a. Die Krankheit befällt das Nervengewebe, führt immer zu Lähmung und Tod. Sie kann auch auf den Menschen übertragen werden, führt nach Ausbruch stets zum Tod. In jüngerer Zeit tritt die Krankheit vermehrt wieder in Armenvierteln auf.

Bordetella (Zwingerhusten)

Die Symptome sind Husten, Schnupfen, Keuchen und Würgen, begleitet von Nasenausfluß. Dies alles dauert wenige Tage bis zu mehreren Wochen. Diese Krankheit wird durch mehrere Ursachen ausgelöst. Die heutigen Impfstoffe helfen, schützen aber nicht gegen alle Erreger. Die Krankheit ist in der Regel nicht lebensbedrohend, kann sich aber zuweilen zu einer ernsthaften Bronchialentzündung entwickeln. Hohe Ansteckungsgefahr! Routineschutzimpfung wird empfohlen, wenn Hunde in befallenen Gebieten vorübergehend

Alle Junghunde müssen geimpft werden, insbesondere wenn sie mit fremden Hunden zusammenkommen.

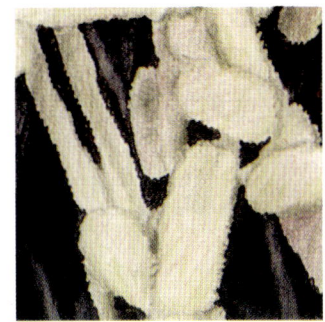

Bordetella - auch Zwingerhusten - ist eine höchst ansteckende Krankheit. Schutzimpfung wird empfohlen.

in Tierpensionen umziehen müssen, zuweilen auch vor dem Besuch von Hundeausstellungen, oder Hundeplätzen oder Pflegesalons.

Coronavirus

Ist normalerweise eine begrenzte, nicht lebensbedrohliche Erkrankung. Erstmals wurde sie Ende der 70er Jahre, ein Jahr vor der Parvovirose, entdeckt. Das Virus führt zu gelb-bräunlichem Stuhl. Weitere Anzeichen sind Abgeschlagenheit, Erbrechen und Durchfall.

Lyme Disease

Erstmals in den USA 1976 in Lyme, CT bei Menschen diagnostiziert, die in enger Nachbarschaft zu von Zecken befallenen Wildtieren leben. Zu den Symptomen gehören akute Lahmheit, Fieber, Gelenkschwellungen und Appetitverlust. Frage Deinen Tierarzt, ob Du in einem betroffenen Gebiet lebst.

Nach Abschluß der Welpenimpfung bedarf es jährlicher Wiederholungsimpfungen mit DHLPP. Es hat sich als sinnvoll erwiesen, gegen Tollwut nach einem Jahr erneut zu impfen, dann je nach Wohnort Wiederholungsimpfungen jährlich oder alle drei Jahre. Zu beachten sind hier auch die örtlichen Bestimmungen. Lyme- und Corona-Impfstoffe werden jährlich verabreicht. In Gebieten mit starkem Zwingerhusten wird empfohlen, gegen Bordetella alle sechs bis acht Monate zu impfen.

KONTROLLBESUCHE BEIM TIERARZT

Ich möchte die Bedeutung der jährlichen Kontrollbesuche unterstreichen. Dabei erfolgen die Wiederholungsimpfungen, Kontrolle auf innere Parasiten, in entsprechenden Gebieten Test auf Herzwurmbefall. In unserer heutigen überbeschäftigten Welt kommt es immer auf Eile an, auch darauf, *wieviel man für wenig bekommen kann.* In den USA haben sich sogar in das Impfschutzgeschehen nichttierärztliche Geschäftsleute eingeschaltet. Dabei droht sehr viel mehr Schaden als Gutes, wenn die Schutzimpfung nicht ordentlich erfolgt, möglicherweise schlechtere Impfstoffe nach falschem Impfschema verabreicht werden. In der Regel betreust Du Dein Familienmitglied Hund sorgfältig, opferst ihm über die Jahre viel Freizeit und auch Kosten. Du mußt wissen, Impfung ist nicht gleich Impfung! Die jährliche Routineuntersuchung bringt viel mehr, sollte regelmäßig durchgeführt werden. Dein Tierarzt muß Deinen Hund gut kennen, insbesondere gilt dies auch für die mittleren und noch mehr für die späten Lebensjahre. In aller Wahrscheinlichkeit braucht Dein älterer Hund mehr als eine körperliche Untersuchung jährlich. Jahresuntersuchungen sind hervorragende Präventivmedizin. Durch Frühdiagnose und sofortige Behandlung erhältst Du Deinem Hund auf erhöhtem Qualitätsstandard ein längeres Leben.

97

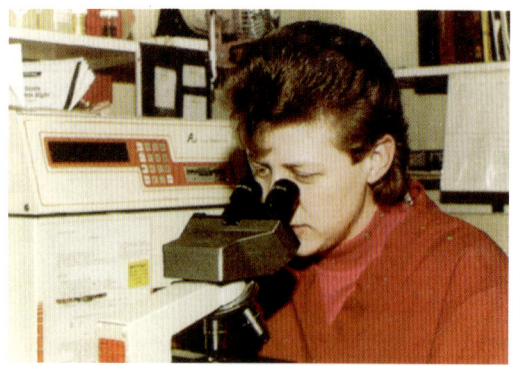

Labortests sind bei gewissen Erkrankungen unerläßlich, bedürfen entsprechender technischer Ausstattung, um korrekt ausgewertet zu werden.

INNERE PARASITEN

Hakenwürmer

Es handelt sich um nahezu mikroskopisch kleine Würmer, die Anämie auslösen, ernste Krankheiten einschließlich Tod bewirken, gerade bei sehr jungen Welpen. Durch Durchdringen der Haut können Hakenwürmer auch auf Menschen übertragen werden. Es kommt auch vor, daß Welpen bereits mit Wurmbefall geboren werden.

Spulwürmer

Dies sind spaghettiähnliche Würmer: Die befallenen Hunde wirken im Bauchbereich aufgedunsen, weitere schwere Symptome sind stumpfes Fell, Erbrechen, Durchfall und Husten. Die Übertragung auf Welpen erfolgt über den Uterus und beim Säugen an der Mutter. Hakenwürmer wie Spulwürmer werden in der Regel mit der Nahrung aufgenommen.

Peitschenwürmer

Sie unterliegen einem dreimonatigen Lebenszyklus, werden nicht über die Mutterhündin übertragen. Sie lösen sofortigen Durchfall, meist mit Schleim durchzogen, aus. Peitschenwürmer gehören zu den am schwierigsten auszurottenden Würmern. Ihre Eier sind Umweltfaktoren gegenüber außerordentlich widerstandsfähig, können Jahre überleben, bis die richtigen Konditionen sie ausreifen lassen. Peitschenwürmer sind nur selten im Kot zu erkennen.

Behandlung

Eingeweide-Parasiten sind in den einzelnen Regionen verschieden häufig vertreten. Klima, Boden und Verunreinigungen sind wichtige Faktoren für das Auftreten von Eingeweide-Parasiten. Die Eier werden über den Stuhl ausgeschieden, liegen auf dem Boden, werden dann nach einigen Tagen unwirksam. Jeder der oben dargestellten Würmer hat einen anderen Lebenszyklus. Die besten Chancen, wurmfrei zu werden und zu bleiben, liegt in stetiger guter Hygiene auf dem eigenen Grundstück. Von einem eingezäunten Gelände sollte man streunende Hunde fernhalten, das hilft bestimmt.

Meine Empfehlung lautet, zweimal jährlich den Kot beim Tierarzt untersuchen zu lassen, bei stärkerem Befall häufiger. Bei positiver Kotprobe erfolgt Behandlung mit dem richtigen

Medikament, wahrscheinlich mußt Du dann nach einer bestimmten Zeit (je nach Wurmart) eine neue Kotprobe vorlegen, möglicherweise muß die Entwurmung wiederholt werden. Dieser Prozeß setzt sich fort, bis Du zumindest zwei negative Kotproben abgeliefert hast. Die verschiedenen Wurmtypen erfordern unterschiedliche Medikamente. Du vergeudest Dein Geld, wirst Deinem Hund nicht gerecht, wenn Du Medikamente über den Tresen einkaufst, ohne Dich zuvor genau mit Deinem Tierarzt zu beraten.

WEITERE INNERE PARASITEN

Coccidiosis und Giardiasis

Hierbei handelt es sich um Protozoen-Infektionen, die in der Regel Welpen befallen, insbesondere an Orten, wo viele Welpen zusammenkommen. Auch ältere Hunde können von diesen Infektionen befallen werden, zeigen aber außer Streß keine äußeren Anzeichen. Zu den Symptomen gehören Durchfall, Gewichtsverlust und fehlender Appetit. Diese Infektionen lassen sich bei Kotüberprüfungen nicht immer erkennen.

Bandwürmer

Hier und da im Kot zu sehen, erkennt man Bandwürmer meist durch reiskornähnliche Segmente rund um After und Rutenwurzel des Hundes. Bandwürmer sind lang, flach, bänderartig, manchmal meterlang, sie bestehen aus zahlreichen Gliedern. Die verbreitetsten Bandwurmtypen beim Hund sind:

1. Bei dieser ersten Larvenform ist der Floh der Zwischenwirt. In den Magen gerät der Bandwurm über den vom Hund durch Lecken aufgenommenen Floh.

2. Für diese zweite Spezies Bandwurm sind Kaninchen, Nagetiere und einige große Raubtiere Zwischenwirte. Wenn der Hund von einem dieser infizierten Wirtstiere frißt, kann er den Bandwurm mit aufnehmen.

Herzwurmerkrankungen

Dieser Wurm siedelt sich im Herzen und den umliegenden Blutgefäßen der Lunge an, erzeugt Mikrofilarien, die über den Blutkreislauf zirkulieren. Ein Hund kann sich mit jeder Anzahl von Würmern infizieren, die Länge des Einzelwurms beträgt 15 - 35 cm. Eine lebensbedrohende Erkrankung, sehr teuer zu behandeln, aber leicht zu verhüten. Wenn in

Peitschenbandwürmer lassen sich schlecht entdecken, ohne daß man den Kot genau untersucht, was Aufgabe des Tierarztes ist. Das Foto zeigt ausgewachsene Peitschenwürmer.

Regelmäßiger Besuch beim Tierarzt hält Deinen Pit Bull fit und gesund.

Deinem Wohngebiet Herzwurmbefall auftritt, solltest Du das Problem mit Deinem Tierarzt besprechen. Meist empfiehlt er einen ein- oder zweimaligen jährlichen Bluttest. Das verbreitetste Gegenmittel wird einmal monatlich verabreicht.

ÄUSSERE PARASITEN
Flöhe

Dieses Ungeziefer ist nicht nur der schlimmste Feind des Hundes, sondern belastet auch den Geldbeutel des Hundebesitzers. Vorbeugung ist weniger teuer als Behandlung, unabhängig davon geben wir lieber unser Geld für anderes aus. Ich wette darauf, daß die Mehrheit unserer Hunde auf Flohbisse allergisch reagiert, in vielen Fällen bedarf es hierzu nur eines einzigen Bisses. Schuld daran ist das Protein im Flohspeichel. Bei allergischen Hunden besteht die Reaktion in der Regel in *hot spots - heißen Flecken*. Meist bedeutet diese Reaktion eine Fahrt zum Tierarzt, damit der Hund behandelt wird.

Ja - Vorbeugen ist weniger teuer. Heute gibt es glücklicherweise eine Reihe guter Flohbekämpfungsmittel. Bei Flohbefall kann kein einzelnes Produkt das ganze Problem lösen.

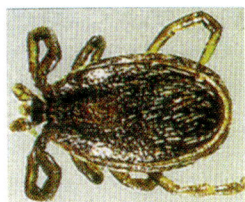

Nicht nur der Hund muß behandelt werden, auch die Umgebung. Im allgemeinen sind Flohhalsbänder nicht besonders wirksam. Es gibt aber ein neues - ein *Eierhalsband* - das die Floheier auf dem Hund tötet. Ein Flohbad ist am ökonomischsten, macht aber viel Schmutz. Es gibt einige wirksame Shampoos und Behandlungsmittel bei Zoofachhandel wie Tierärzten. 1995 wurde auf dem US-Markt eine orale Tablette angeboten, die schon das Jahr zuvor in Europa populär war. Diese Tablette sterilisiert das Flohweibchen, tötet aber die erwachsenen Flöhe nicht. Aus diesem Grund wird diese monatlich verabreichte Tablette zwar die Flohpopulation verkleinern, ist aber keine *Radikalkur*. Hunde, die an Flohbißallergie leiden, sind auch danach dem Floh ausgesetzt. Ein recht populäres Parasitizid ist Permethrin, es wird je nach Gewicht des Hundes auf dem Rücken an ein oder zwei Stellen aufgetragen. Dieses Produkt wirkt abwehrend, der Floh bekommt dadurch *heiße Füße* und springt ab. Dieses Produkt darf nicht mit einigen Organophosphaten verwechselt werden, die auch auf dem Hunderücken angewandt werden.

Einige Produkte dürfen für Welpen nicht verwendet werden. Im Grundsatz sollte jede Flohbehandlung unter tierärztlicher Überwachung erfolgen. Meist bedarf es der Kombination mehrerer Produkte, der Laie kennt hierfür mögliche Giftwirkungen zu wenig. Es ist schwer zu glauben, aber es gibt ein paar Hunde, die Flöhen gegenüber eine natürliche Resistenz zeigen. Trotzdem ist es vernünftig, alle Haustiere immer gleichzeitig zu behandeln. Katzen nicht vergessen! Gerade Katzen durchstreifen die Nachbarschaft, kommen folgerichtig mit unerwünschten Gästen nach Hause.

Ausgewachsene Flöhe leben auf dem Hund, ihre Eier fallen aber vom Hund ab, lagern in seinem Umfeld. Bis zum Erwachsensein durchleben sie drei Larvenstadien, danach können sie auf den Rücken jedes arglosen Hundes springen. Dieser Zyklus dauert unter idealen

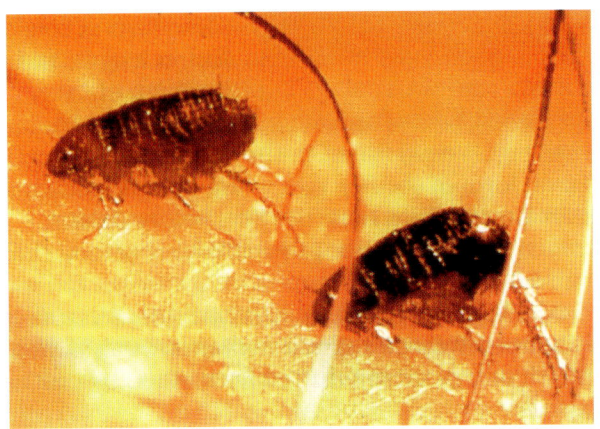

Der Katzenfloh ist der verbreitetste Floh auf Hunden. Er beginnt sofort nach dem Kontakt zu fressen.

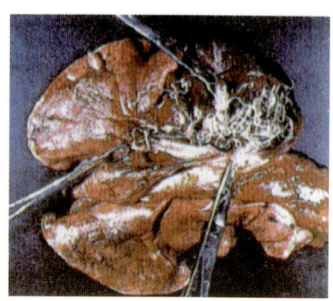

Voraussetzungen zwischen 21 und 28 Tagen. Es gibt Bekämpfungsprodukte, die sowohl den ausgewachsenen Floh wie die Larven töten.

Zecken

Zecken sind Krankheitsüberträger, darunter Zeckenlähmung- Lyme Disease- und andere Krankheiten. Man entfernt sie mit der Zeckenzange, sollte dabei den Kopf mit herausdrehen. Die Kiefer enthalten die Krankheitskeime. Es gibt Zeckenhalsbänder, die vorzügliche Arbeit leisten. Dabei fallen die Zecken vom Hund ab. Wichtige Vorsichtsmaßnahme - nach jedem Spaziergang einmal das ganze Hundefell kontrollieren. Meist lassen sich viele Zecken ablesen.

Sarcoptes Räude

Diese Milbe findet man im Hautgeschabsel nur mühsam. Ein guter Indikator der Krankheit ist der *Pinnal Reflex*. Reibe die Enden der Pinna (Ohr) aneinander, dann beginnt der Hund mit der Pfote zu kratzen. Sarcoptes-Milben sind anderen Hunden gegenüber hoch ansteckend, auch für Menschen, obwohl sie auf Menschen nicht lange leben. Sie lösen intensiven Juckreiz aus.

Demodex Räude

Eine Milbe, die meist von der Hündin auf die Welpen übertragen wird. Sie befällt Junghunde meist zwischen drei und zehn Monaten. Die Diagnose wird durch Hautgeschabsel bestätigt. Kleine kahle Alopecia-Bereiche entwickeln sich rund um Augen, Lefzen und/oder Vorderläufe. Ohne sekundäre bakterielle Infektion besteht wenig Juckreiz. Es gibt Rassen, die wesentlich häufiger befallen sind, eine eindeutige genetische Indikation liegt vor.

Cheyletiella

Diese Parasiten verursachen intensiven Juckreiz, werden im Hautgeschabsel diagnostiziert. Die Milbe lebt in den Außenschichten der Haut von Hunden, Katzen, Kaninchen und Menschen. Zuweilen entdeckt man gelbgraue Schuppen auf Rücken und Rumpf, Oberkopf und Nase.

Manche Welpen werden nur verkauft, wenn die Käufer zusichern, daß sie kastriert werden.

ZÜCHTEN - JA ODER NEIN?

In den USA verlangt der Züchter häufig, daß die Junghunde später kastriert werden. Dieser Wunsch basiert auf gesundheitlichen Erwägungen zugunsten des Hundes und auch Sorgen um die Zukunft der Rasse. Erfahrene und gewissenhafte Züchter arbeiten Jahre daran, eine gute Zuchtlinie aufzubauen. Um dies zu erreichen, unterziehen sie sich jeder Mühe, um ihre Zucht genau auf Anatomie, Wesen und Gesundheit auszurichten. Diese Art Züchter tun alles in ihren Kräften stehende, um notwendige Gesundheitstests durchzuführen (HD, CERF, Schilddrüsenfunktion, erbliche Bluterkrankungen etc.). Solche Tests sind teuer, verlaufen manchmal außerordentlich enttäuschend, wenn gerade ein Lieblingshund solche Gesundheitstests nicht besteht. Bei der Zucht achtet man nicht nur auf das Gesundheitsbild der Zuchttiere sondern auch deren Vorfahren. Verantwortungsbewußte Züchter möchten nicht, daß ihre Nachzuchten verantwortungslos weiter vermehrt werden - entsprechend häufig die Forderung, die Junghunde später kastrieren zu lassen. Natürlich gibt es hier immer Ausnahmen, der Züchter wird bei für die Zucht wertvollen Hunde gerne eine Ausnahme machen. Auch liegen die Verhältnisse in Europa um einiges anders als in den USA. Das Ziel muß jedenfalls sein, sich immer intensiv darum zu bemühen, gesunde, wesensfeste und schöne Hunde zu züchten.

Kastration

In den USA sieht man viele Vorteile, die Operation bereits im Alter von sechs Monaten durchzuführen. Nicht kastrierte Hündinnen erkranken häufiger an Milchdrüsen- und Eierstockkrebs. Um Milchdrüsenkrebs zu verhindern, wird eine Kastration vor der ersten Hitze empfohlen. Im späteren Leben kann sich bei einer nicht kastrierten Hündin eine Pyometra (Gebärmutterentzündung) entwickeln, die lebensbedrohend ist.

Die Kastration erfolgt unter Vollnarkose, bei jungen Hunden eine einfache Operation.

Wenn man einen Junghund kastrieren läßt, verringert dies das Auftreten ernsthafter Gesundheitsprobleme im späteren Leben.

Bei älteren Hunden verläuft sie meist etwas schwieriger, das ist aber kein Grund, auf die Operation zu verzichten. Bei der Operation werden Eierstöcke und Uterus entfernt. Um die Eierstöcke entfernen zu können, bedarf es eines relativ langen Schnittes. Die Eierstockhysterectomie muß als große Operation angesehen werden.

Eine frühe Kastration des Rüden unterbindet charakteristisches Rüdenverhalten, das viele Besitzer wenig mögen. Nach meiner Erfahrung heben meine *Jungs* nicht den Hinterlauf, markieren ihr Territorium, wenn sie mit sechs Monaten kastriert werden. Kastration im frühen Alter hat auch hormonelle Vorteile, mindert die Wahrscheinlichkeit hormonell ausgelöster Aggressivität.

Bei der Kastration werden die Hoden entfernt, der Hodensack bleibt. Ist ein Hoden in der Bauchhöhle zurückgeblieben, sollte die Kastration aus medizinischen Gründen bis zu einem Alter von zwei bis drei Jahren durchgeführt werden. Hoden in der Bauchhöhle sind erhöht krebsgefährdet. Nicht kastrierte Rüden erkranken öfter an Hodenkrebs, Fisteln im Dammbereich, Tumoren im Dammbereich, entzündlichen Prostataveränderungen und Krebs.

Nicht kastrierte Rüden und Hündinnen vergessen zuweilen ihre Stubenreinheit. Hündinnen urinieren häufiger vor, während und nach dem Hitzezyklus, Rüden markieren das Territorium, insbesondere wenn eine Hündin heiß ist. Manche Rüden zeigen ein gleiches Verhalten gegenüber einem besuchenden Rüden oder Gästen.

Die Operation verlangt analog der menschlichen Chirurgie ein steriles Operationsfeld. Die betroffenen Stellen werden rasiert, desinfiziert, der Tierarzt braucht sterile Kleidung. Im Grundsatz verläuft die Narkose analog der Technik bei der Humanmedizin. Im allgemeinen kann der Hund noch am Operationstag die Klinik wieder verlassen.

Viele Hundebesitzer machen sich Sorgen, daß ihr Hund nach der Kastration überge-wichtig wird, dies geschieht aber nicht zwangsläufig. Wahr ist, daß einige Hunde nach der Operation weniger aktiv sind, daraus Probleme entstehen können. Meine eigenen Hunde sind aber vor wie nach der Operation immer gleich aktiv gewesen. Sollte Dein Hund aber Gewicht zulegen, sind Futterreduzierung und zusätzliche Bewegung angesagt.

Anmerkung der Übersetzer: Vorstehendes spiegelt die amerikanische Betrachtungs-weise, wo Kastration heute aus Bequemlichkeitsgründen recht populär geworden ist. Verhaltensforschung und tierärztliche Medizin auf dem Kontinent weichen von diesen Empfehlungen deutlich ab. Dies hier näher zu erläutern ist nicht unsere Aufgabe. Wir empfehlen aber dringend vor einer entsprechenden Entscheidung, alle Vor- und Nachteile der Kastration mit erfahrenen Züchtern und dem Haustierarzt ausführlich zu besprechen.

Wenn man seinem Pit Bull über das ganze Leben richtige Gesundheitsfürsorge gewährt, sichert man damit über viele Jahre eine gute Lebensgemeinschaft.

ZAHNPFLEGE

Du hast einen Welpen gekauft! Damit gibt es in Deinem Haushalt auch ein neues Welpengebiß. Wer immer einen Welpen aufgezogen hat, machte mit diesen neuen Zähnen vielfältig Bekanntschaft. Der Welpe kaut, was immer er erreichen kann, jagt hinter Deinen Schlappen her, spielt mit jedem Kleidungsstück, das er finden kann, lustig *Seilziehen*. Neugeborene Welpen beginnen etwa mit zwei Wochen mit der Zahnung. Etwa ab drei Wochen nimmt der Welpe erste feste Nahrung auf, die Zähne werden zum Spielen und Beißen mit den Wurfgeschwistern nachhaltig gebraucht. Die Milchzähne machen das Saugen der Welpen für die Mutter schmerzhaft, deshalb werden die Fütterungszeiten weniger häufig und dauern kürzer. Mit sechs bis acht Wochen beginnt die Mutterhündin zu knurren, warnt ihre Welpen, wenn sie untereinander zu hart raufen oder die Mutter im Spiel mit ihren scharfen Zähnen verletzen.

Welpen brauchen immer etwas zum Kauen, dies ist ein wesentlicher Bestandteil ihrer körperlichen und seelischen Entwicklung. Sie schleppen Gegenstände durch die Gegend, kämpfen um ihren Besitz, lokalisieren ihr Spiel, ihre Warnungen. Das alles entwickelt die notwendigen Geschicklichkeiten des Lebens wie auch die Kraft der Muskeln. Ihre Geschmackssinne sagen ihnen, was eßbar ist und was nicht. Wie anders könnte man eine Elektroschnur von einer Eidechse unterscheiden? Etwa mit vier Monaten beginnt der Zahnwechsel. Zuweilen bedarf es einiger menschlicher Hilfe, damit die Milchzähne ausfallen, Platz für das zweite Gebiß machen. Als erstes werden die Schneidezähne ersetzt. Danach bricht der Fangzahn durch. Wenn die Milchzähne für das zweite Gebiß keinen Platz

Dieses aus Nylon hergestellte Kauspielzeug macht nicht nur Spaß, es hilft auch bei der richtigen Zahnentwicklung.

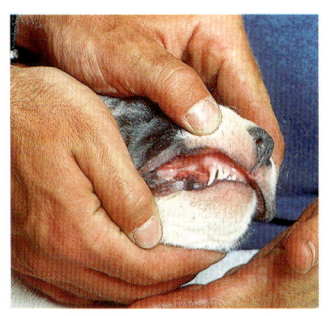
machen, muß notfalls der Tierarzt stehengebliebene Milchzähne ziehen. Während des Zahnwechsels können Zahnfleischentzündungen auftreten, beispielsweise wenn sich Haare und Schmutz zwischen den zweiten Zähnen und noch stehengebliebenen Milchzähnen verfangen. Es gibt vorzügliches Kauspielzeug. Dieses können die Hunde umherwerfen, durch die Gegend ziehen, an der Oberfläche benagen. Zuweilen verfangen sich die Milchzähne im Nylonmaterial, was das Ausfallen der Zähne erleichtert. Hunde mit genügend Kauspielzeug sind in der Wohnung wesentlich weniger zerstörerisch, entwickeln sich körperlich besser. Es besteht weniger Gefahr, daß ihre Milchzähne stehen bleiben.

Über das erste Jahr sollte man regelmäßig den Junghund dem Tierarzt vorstellen. Ein entsprechender Plan für Impfungen und Parasitenkontrolle muß aufgestellt werden. Bei jedem Besuch sollte der Tierarzt auch Lefzen, Zähne und Fang als festen Bestandteil der körperlichen Untersuchung mit einbeziehen. Auch Du kannst für Gesundheit von Zähnen und Zahnfleisch sorgen. Über das erste Jahr kontrollierst Du am besten wöchentlich den Fang, achtest auf wunde Stellen, Fremdkörper, Zahnprobleme usw. Wenn Dein Hund besonders stark speichelt, den Kopf schüttelt oder übel riechenden Atem hat, muß der Tierarzt ihn

Zahnbelag wird durch Kauspielzeug in verschiedenen Formen beseitigt. Das Spielzeug massiert das Zahnfleisch, hält die Zähne durch das Kauen sauber.

Weicheres Kauspielzeug gibt es speziell für Junghunde. Dieser Pit Bull-Junghund wird sicher ein kräftiges Gebiß entwickeln.

untersuchen. Bis zum Alter von sechs Monaten sollten die zweiten Zähne vollständig durchgebrochen sein, möglicherweise beginnt sich jetzt auf der Zahnoberfläche Zahnbelag anzusetzen. Man sollte sofort mit der Zahnpflege beginnen, damit sich auf den Zähnen kein Zahnstein bildet. Bürsten ist immer das Beste, eine unbestreitbare Tatsache. Es gibt aber Hunde, die sich nur sehr ungern ihre Zähne bürsten lassen, manchmal fällt dies dem Besitzer schwer. In solchen Fällen sollte man an ein Kauspielzeug denken, das Zahnbelag und Zahnsteinbildung verhindert. Für die ersten drei Jahre im Leben eines Hundes gibt es Kaumaterial verschiedener Hersteller. Die gewählten Formen machen es für den Hund interessant. Wenn der Hund daran kaut, massiert das Polyuretan das Zahnfleisch, verbessert die Blutzirkulation im Zahngewebe. Die rauhe Oberfläche steigert den Reinigungseffekt. Durch die Form und die Stärke des Materials verschiedener Kauspielzeuge wird der Hund gehindert, die eigenen Zähne zu stark zu belasten, Stücke aus dem Kauspielzeug herauszubre-

Dieser Junghund erfreut sich an einem Kauspielzeug mit Hühnergeschmack. Das Kauen hält gleichzeitig Zahnfleisch und Zähne gesund.

Auch gesunde Hunde brauchen über das ganze Leben regelmäßige Pflege von Zähnen und Zahnfleisch.

chen. Bei sehr kaufreudigen Hunden mit hohem Kaudruck wird in den USA ein Produkt namens *Nylabone* empfohlen, es soll besonders haltbar sein. In dieser Frage sollte man sich beim Fachhandel beraten lassen. In den nationalen Märkten gibt es hier unterschiedliche Angebote, wobei sich der Markt laufend verändert. Die meisten derartigen Kauprodukte sind mit künstlichen Geschmacksstoffen angereichert, um sie für den Hund attraktiver zu machen. Wahrscheinlich könnte der Tierarzt hier auch entsprechende Produkte empfehlen. Dieses Kauspielzeug verschafft dem Hund nicht nur gute Beschäftigung, es hält insbesondere seine Zähne gesund, erspart ihm im späteren Leben mögliche ernsthafte Zahnerkrankungen.

Wenn Du Deinen Hund dazu erziehen kannst, Zahnbürste und Zahncreme zu akzeptieren, bedeutet dies - wie schon erwähnt - eine optimale Lösung. Achtung - ausschließlich Zahncreme für Hunde verwenden, für Menschen entwickelte Zahncreme darf insbesondere nicht verschluckt werden. Auch in dieser Frage kann man sich vom Tierarzt beraten lassen.

Leider entwickeln bis zu einem Alter von vier Jahren 75 % aller Hunde Parodontose - Zahnfleischschwund. Jährliche tierärztliche Kontrollen erweisen sich auch hier als nützlich. Wenn der Tierarzt dabei eine Erkrankung feststellt, wird er entsprechende Behandlung und prophylaktisches Reinigen empfehlen. Für eine solche Reinigung mit Zahnsteinentfernung muß der Hund in Vollnarkose gelegt werden. Unter den heutigen Anästhesieverhältnissen ist diese Maßnahme ziemlich sicher. Dabei entfernt der Tierarzt mit einem Ultraschallzahnsteinentferner oder einem Handspachtel den Zahnstein von den Zähnen. Hat sich Zahnstein unter dem Zahnfleisch angesammelt, müssen auch hier die Zahnwurzeln geglättet werden. Wenn aller Zahnstein entfernt ist, wird der Zahnschmelz mit einer Politur behandelt. Auch notwendige andere medizinische oder chirurgische Behandlungen werden während der Narkose durchgeführt. Zum Abschluß werden die Zähne mit Fluor behandelt, danach folgt die Nachbehandlung zu Hause. Ist der Zahnfleischschwund schon bereits stark fortgeschritten, verschreibt der Tierarzt möglicherweise eine medizinische Munddusche oder Antibiotika, die zu Hause angewandt werden müssen. Achte unverändert darauf, daß Dein Hund immer sicheres, sauberes und attraktives Kauspielzeug zur Verfügung hat.

Unbehandelte Büffelhaut gehört zu den populärsten Materialien für Kauspielzeug. Hundebesitzer stehen zu Recht diesem Material skeptisch gegenüber, denn es kann für Hunde sehr gefährlich werden. Tausende von Hunden sind schon an solcher Büffelhaut gestorben, haben die Stücke weichgekaut heruntergeschluckt, dadurch eine Blockade im Magen oder Darm ausgelöst. Eine neuere Entwicklung in der Futtermittelindustrie geht dahin, daß Büffelhaut industriell verarbeitet, geschnitten und geschmolzen, dann in Form eines Knochens gegossen wird. Dieses hundeungefährliche Kauprodukt riecht und schmeckt wie rohe Büffelhaut, aber es führt nicht zu späteren Blockaden. Die Rillen an dem »Knochen« wirken gegen Zahnbelag. Diese Produkte halten zehnmal länger als die üblichen Büffelhautkauknochen.

Wenn Dein Hund altert, müssen Kontrolle und Reinigung der Zähne häufiger erfolgen. Zumindest eine jährliche Kontrolle ist erforderlich, möglicherweise bittet der Tierarzt aber um halbjährliche Überprüfung. Bei sehr alten Hunden sind Herz, Leber und Nieren in ihrer Funktion beeinträchtigt. Meist muß der Tierarzt diese Organfunktionen überprüfen, ehe er für die Zahnbehandlung zur Anästhesie greift.

Wenn Dein Hund gerne kaut, Du mit dem Tierarzt gut zusammenarbeitest, wird Dein Hund möglicherweise über sein ganzes Leben alle Zähne behalten. Mit zunehmendem Alter schwinden auch beim Hund die Sinnesleistungen von Geruch, Sehvermögen und Geschmack. Möglicherweise mag er dann nicht mehr jagen, an seinem Spielzeug kauen und spielen. Zuweilen hat er auch nicht mehr die notwendige Energie, um längere Zeit zu kauen, da Arthritis und Zahnfleischerkrankungen das Kauen schmerzhaft machen. Umso mehr liegt die Verantwortung bei Dir, sein Gebiß sauber und gesund zu halten. Möglicherweise läßt der Hund, der sich einjährig keinesfalls die Zähne putzen lassen wollte, wo er jetzt einmal zehn Jahre alt geworden ist, diese Prozedur zu.

Sicher ist, wenn Du dem Junghund vernünftige Kaumöglichkeiten bietest und ihn daran gewöhnst, werden seine Zähne über das ganze Leben besser gepflegt sein.

FINDEN UND IDENTIFIZIEREN VERLORENER HUNDE

Hunde kann man auf verschiedene Art identifizieren. Die älteste Methode bietet das Halsband mit Hundesteuermarke, gefolgt von Tätowierung und eingepflanzten Mikrochips. Leider werden Halsband und Hunde häufig getrennt, Steuermarken fallen ab. Damit möchte ich in keiner Weise raten, Halsband und Steuermarke nicht mehr einzusetzen. Bleiben sie unbeschädigt und am Hund, bieten sie die schnellste Identifikationsmöglichkeit.

Über eine Reihe von Jahren haben die Hundevereine Rassehunde tätowieren lassen, Tätonummern in Registern festgehalten. Das Problem liegt darin, daß es eine ganze Reihe derartiger Register gibt, die nicht alle bekannt sind. In einigen Ländern haben wir die Möglichkeit einer gesicherten, zentralen Registernummer, Tierheime können diese entschlüsseln. Meist wird die Nummer auf der Innenseite des Hinterlaufes angebracht. Der Bereich wird sauber rasiert und dann tätowiert. Größere Schmerzen entstehen dadurch nicht, obwohl einige Hunde es nicht gerade als angenehm empfinden. Schwierigkeiten treten auf, wenn die Tätonummer nicht mehr lesbar ist, neu angebracht werden muß.

Die neueste Identifikationsmethode liegt beim Mikrochip. Hierbei handelt es sich um einen Computerchip, nicht größer als ein Reiskorn. Durch Injektion zwischen den Schulterblättern implantiert ihn der Tierarzt, ohne daß er den Hund stört. Geht Dein Hund verloren und wird von einem Tierschutzverein aufgegriffen, kann dieser durch Scannen des Mikrochips den Hund identifizieren. Mikrochipscanner vermögen meist auch fremde Mikrochiparten und ihre Register zu identifizieren. Im allgemeinen erhält man eine Hundemarke, die offenlegt, daß der Hund durch Mikrochip identifiziert ist. Darin besteht die sicherste Methode, den Hund zu identifizieren.

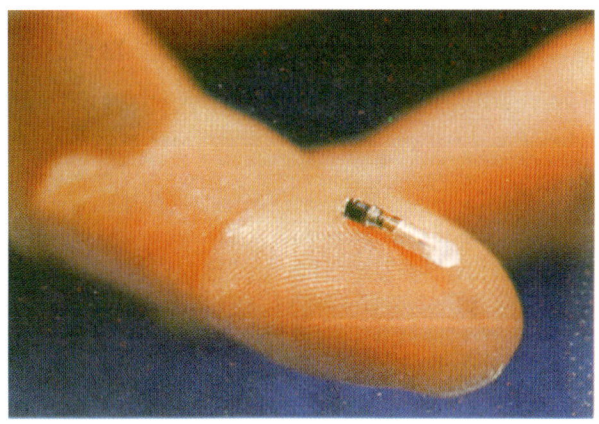

Mikrochips bieten die neueste Indentifikationsmethode. Es handelt sich um einen Computerchip, der nicht größer als ein Reiskorn ist.

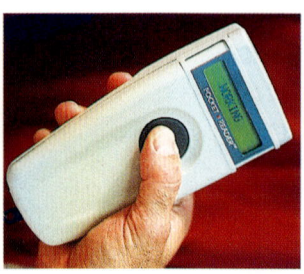

Mit einem Scanner wird der Mikrochipcode abgelesen, der zum Hundebesitzer führt.

AUFFINDEN DES VERLORENEN HUNDES

Sicherlich besteht Übereinstimmung, es gibt Weniges, was schlimmer ist als der Verlust des eigenen Hundes. Verantwortungsbewußte Hundebesitzer verlieren ihre Hunde nur selten. Sie lassen ihre Hunde nie allein auf die Straße, nicht nur, weil sie dabei zu Schaden kommen können, sondern weil auch die meisten Gemeinden und Länder Verordnungen erlassen haben, wonach Hunde nicht unbeaufsichtigt über die Straßen laufen dürfen.

Vorsicht mit eingezäunten Gärten! Auch hier lauert das Risiko! Hunde sind erfinderisch, wenn sie sich ihren Weg bahnen, entweder über oder unter dem Zaun. Einen schnellen Ausbruch ermöglicht die Gartentür, die das Kind des Nachbarn versehentlich nicht schließt. Nachstehend einige Ratschläge für den Notfall! Nie sollst Du zu früh aufgeben, immer weiter suchen. Dein Hund lohnt alle Mühen!

1. Unterrichte alle Nachbarn durch Handzettel mit Foto des Hundes, wirf sie in die Briefkästen. Der Handzettel sollte den Namen des Hundes, Rasse, Geschlecht, Farbe, Alter, Identifikationsquelle aufzeigen, wann Du den Hund das letzte Mal gesehen hast, auch wo. Wichtig sind der eigene Name und die Telefonnummer. Manchmal hilft es, wenn man darlegt, daß der Hund dringend medizinische Hilfe braucht. Man sollte auch eine Belohnung aussetzen.

2. Befrage täglich alle örtlichen Tierheime. Natürlich ist es auch möglich, daß der Hund unterwegs auf einige Entfernung von zu Hause aufgegriffen, dann in einem auf dem Weg liegenden Tierheim abgegeben wird. Auch dies muß man kontrollieren. Gehe persönlich dorthin, meist reicht ein Telefonanruf nicht aus. Die meisten Tierheime haben zu wenig Platz, um über längere Zeit Tiere halten zu können, möglicherweise stellen sie diese zur Abgabe frei. Es ist auch durchaus möglich, daß Dein Hund über eine ganze Reihe von Tagen überhaupt nirgends im Tierheim ankommt, weiter umherstreift. Vielleicht hat auch ein privater Finder den Wunsch, das Tier selbst zu behalten.

3. Erkunde alle örtlichen Tierärzte, rufe dort an und übersende ein Flugblatt zum Aushang.

4. Rufe beim Züchter an. Häufig werden Züchter angesprochen, wenn ein Hund der entsprechenden Rasse aufgefunden wird.

5. Informiere die Rettungsorganisation der entsprechenden Hunderasse.

6. Nimm Kontakt mit örtlichen Schulen auf, vielleicht haben Kinder Deinen Hund gesehen.

Man sollte immer ein gutes, klares Foto des eigenen Hundes haben. Ist er entlaufen, kann man es auf Flugblättern und Anzeigen abdrucken.

Ein fester Zaun ist für sichere Hundehaltung unerläßlich. Aber Vorsicht, Pit Bulls sind erfindungs-reich, finden häufig ihren Weg aus dem Zwinger.

7. Plaziere das Flugblatt in Schulen, Lebensmittelgeschäften, Tankstellen, Veterinär-kliniken, bei Hundepflegern und an allen anderen Stellen, wo man es Dir gestattet.
8. Setze eine Suchanzeige in die Zeitung.
9. Versuche Hilfe über Radio und Fernsehen zu bekommen.

REISEN MIT DEM HUND

Je früher Dein Hund im Auto mitgenommen wird, desto besser. Die meisten Hunde müssen sich an das Autofahren gewöhnen. Einige Tiere sind aber besonders empfindlich, werden leicht reisekrank. Immer hilft, anfangs nur mit leerem Magen zu reisen. Kein Grund zur Verzweiflung, von Mal zu Mal wird es besser, wenn Du Deinen Hund auf kurzen Spazierfahrten mitnimmst. Wie würdest Du selbst Dich fühlen, wenn Du nach jeder Autofahrt beim Tierarzt ankommst, um dort eine Spritze zu erhalten? Sicherlich würde Dir das Reisen dadurch nicht angenehmer. In der Regel sollte am Ende der Fahrt ein fröhlicher Spaziergang warten.

Ältere Hunde, die zur Reisekrankheit neigen, haben wahrscheinlich andere Probleme als fehlende Gewöhnung. Bei schwereren Störungen können vom Tierarzt verschriebene Medikamente helfen.

Dein Hund muß vor dem Autofahren immer Gelegenheit haben, sich zu lösen. Für alle Fälle sollte man natürlich außer der Leine auch Papiertücher, Abfallbeutel und ein Reinigungstuch mit sich führen.

Im Auto ist der sicherste Platz für Deinen Hund die Box, möglichst ein Gitterkäfig, denn zu sauerstoffarmes Einsperren fördert bei einigen Hunden noch die Übelkeit. Ist Dein Hund anfangs besonders nervös, kannst Du ihn zuerst auf dem Rücksitz von einem Begleiter auf dem Schoß halten lassen, aber nur vorübergehend!

Alternativ zum Käfig gibt es Spezialbefestigungen für Hunde, wobei der Hund mit einem Sicherheitsgurt über Halsband oder Geschirr festgelegt wird. Wofür Du Dich auch entscheidest, keinesfalls darf der Hund hinten in einem offenen Lieferwagen mitfahren, ohne daß er mit kurzer Leine sicher angebunden ist. Ich habe schon derartige Fahrzeuge plötzlich stoppen sehen. Obgleich der Hund angebunden war, stürzte er von der Ladefläche und wurde hinten nachgeschleppt.

Natürlich habe auch ich schon leichtsinnigerweise Hunde lose im Auto mitgeführt, einfach weil ich ihre Gesellschaft mag. Aber ehrlich - in ihren Käfigen sind sie wesentlich sicherer! Ein Freund von mir geriet mit seinem Kombi in einen Verkehrsunfall, aber seine Hunde - in Fiberglasboxen - wurden weder verletzt, noch konnten sie entlaufen. Ein weiterer Vorteil des Käfigs besteht darin, daß der Hund sicher untergebracht ist, wenn Du kurz das Auto verlassen mußt, um in ein Geschäft zu

Welpen müssen vorsichtig an das Autofahren gewöhnt werden.

gehen. Wäre der Hund nicht im Käfig, könntest Du sicherlich die Fenster nicht offen lassen. Vorsicht, viele Hunde sind gerade in ihren Käfigen besonders wachsam, es gibt aber Hundefänger, die sich dadurch überhaupt nicht abschrecken lassen. In einigen Ländern ist es gesetzlich verboten, einen Hund unbeaufsichtigt im Auto zu lassen - eine durchaus vernünftige Regelung!

Keinesfalls darf man einen Hund mit Halsband und Leine im Auto lose herumlaufen lassen. Ich habe mehr als einen Hund gekannt, der sich selbst aufgehängt hat. Hunde dürfen auch nie den Kopf aus dem offenen Fenster stecken. Dabei kommt mit Sicherheit Schmutz in die Augen. Läßt Du Deinen Hund im Auto zurück, denke immer an die Temperatur. In weniger als fünf Minuten kann sich ein Auto auf mehr als 60° C erhitzen - zur Todesfalle für den Hund werden.

AUTOREISEN

Vielleicht planst Du eine längere Reise. Denke gut darüber nach, was für Deinen Hund das Beste ist, Mitfahren oder Tierpension. Bei Reisen mit dem Auto, Kombi oder Wohnwagen solltest Du an richtiges Abschließen denken. Meist hast Du einige wertvolle Gegenstände im Auto, möchtest diese nicht unverschlossen zurücklassen. Das Wertvollste und Unersetzlichste ist dabei möglicherweise sogar der eigene Hund. Denke gut darüber nach, wie Du das Auto sicherst, dem Hund aber genügend Ventilation bleibt.

Eine andere Überlegung beim Reisen mit dem Hund ist medizinischer Art. Es könnte durchaus einige Probleme auslösen, wenn Du in ein Land kommst, das sich durch starken Flohbefall auszeichnet. Vorsichtshalber solltest Du Flohspray mitnehmen. Dies könnte auch nach einem Motel-Aufenthalt erforderlich sein. Es ist durchaus möglich, daß Du dort nicht der einzige Zimmerbewohner bist.

Unglaublich viele Motels und auch Hotels heißen hundliche Gäste willkommen, das gilt bis zu den erstklassigen Fünf-Sterne-Hotels. In den meisten Ländern gibt es eigene Hotelführer, die hundefreundliche Hotels empfehlen. Im Grundsatz empfehle ich, in Frage kommende Motels auf dem Weg anzurufen, sich zu erkundigen, ob sie Tiere annehmen. Manchmal wird gegen mögliche Schäden im Zimmer Sicherheit gefordert. Natürlich erhält man immer viel leichter Unterkunft mit einem kleinen Hund als mit einem großen. In den

Für Autofahrten sollte man die vertraute Futterschüssel mitnehmen. Dieser Pit Bull fährt nirgends hin, ohne seine Schüssel dabei zu haben.

meisten Fällen fühlt sich das Hotelpersonal recht sicher, wenn Du zusagst, daß Dein Hund im Käfig untergebracht ist. Da meine eigenen Hunde gerne kläffen, wenn ich das Zimmer verlasse, lasse ich das Fernsehen bei fast voller Lautstärke an, um Lärm von außen zu über-

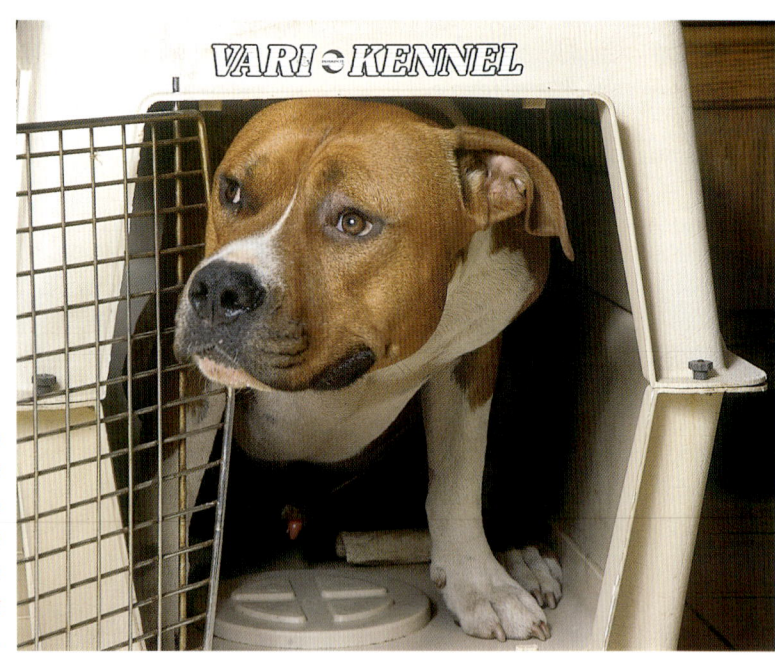

Fluglinien erlauben den Hundetransport ausschließlich in Flugboxen. Am besten gewöhnt man seinen Hund rechtzeitig daran.

spielen, der meine Hunde zum Bellen brächte. Beim Reisen mit dem Hund sollte man genügend Beutel mit haben, so daß man immer hinter dem Hund sauber machen kann. Wenn wir Hundebesitzer alle unseren Teil dazu beitragen, hinter unserem Hund zu säubern, werden auch Motels und Hotels unsere Tiere immer willkommen heißen. Unerläßliche Voraussetzung ist, daß Du überall, wo Dein Hund Unsauberkeit hinterläßt, die Dinge in Ordnung bringst.

Je nach Reiseziel brauchst Du möglicherweise ein vom Tierarzt ausgefertigtes Gesundheitszeugnis. Es ist auch durchaus richtig, den Impfpaß mit allen bisherigen Behandlungen, dazu Name, Adresse und Telefonnummer des eigenen Tierarztes mitzunehmen. Im Notfall hat man alles zur Hand.

FLUGREISEN

Auf Flugreisen mußt Du mit der Fluggesellschaft die Transportmöglichkeiten abstimmen. Meist bedarf es mehrwöchiger Voranmeldung, wenn Du mit dem Hund reisen möchtest. Die Fluggesellschaften verlangen, daß der Hund nur in einer von ihnen bereitgestellten Fiberglasbox transportiert wird. Man kann sie bei der Fluggesellschaft, aber auch in vielen Zoofachgeschäften, kaufen. Ist Dein Hund nicht an einen Käfig gewöhnt, sollte man ihn vor der Reise entsprechend darauf vorbereiten. Am Reisetag selbst bekommt er ab einer Stunde vor dem Abflug kein Wasser mehr, zwölf Stunden vor der Reise kein Futter.

Fluglinien haben allgemeine Temperaturrichtlinien, Hunde werden weder bei extremer Kälte noch bei großer Hitze transportiert. Die Einschränkungen basieren in der Regel auf den Temperaturen beider Flughäfen, Hin- wie Rückflug. Man sollte auch fragen, ob Gesundheitszeugnisse benötigt werden, meist müssen sie frühestens zehn Tage vor der

Viele Motels und Fluglinien haben für reisende Hunde klare Vorschriften. Du mußt diese kennen, ehe Du Deinen Hund mitnimmst.

119

Gute Tierpensionen verlangen Schutzimpfung jedes vierbeinigen Gastes. Daran sollte man rechtzeitig denken.

Abreise ausgestellt sein. Sorge für Non-Stop-Direktflug.

Bei der Flugplanung mußt Du auch mögliche Quarantänevorschriften im Ankunftsland abklären, Informationen erhält man von den jeweiligen Botschaften. Einige Länder haben langwierige Quarantänezeiten vorgeschrieben (sechs Monate). Die Tollwutimpfvoraussetzungen variieren von Land zu Land. Manchmal wird verlangt, daß die Impfung zumindest 30 Tage vor der Reise erfolgt sein muß.

Achte auch darauf, daß der Hund seine Identifikationsmarkierung am Halsband trägt. Nie kann man voraussagen, ob man möglicherweise durch einen Unfall vom eigenen Hund getrennt wird. Vielleicht erschreckt sich der Hund auch, schafft es irgendwie auszubrechen und wegzulaufen. Wenn ich selbst reise, tragen meine Hunde alle Halsbänder mit eingravierten Namensschildern, meinen eigenen Namen, Telefonnummer und Stadt. Eine andere gute Idee wäre, der Hund hätte am Halsband Notfallinstruktionen. Hierzu gehörten auch Adresse und Telefonnummer eines Verwandten oder Freundes, Name und Adresse des Tierarztes, in Extremfällen medizinischer Behandlungsbedarf des Hundes.

TIERPENSIONEN

Vielleicht kommst Du nach reiflicher Überlegung zu dem Schluß, es wäre besser, Deinen Hund vorübergehend in einem Tierheim unterzubringen. Vielleicht kann Dein Tierarzt eine geeignete Unterbringungsmöglichkeit empfehlen, vielleicht sogar einen *Hundesitter,* der in Dein Haus zieht. Die Tierpensionen verlangen Nachweis rechtzeitiger Schutzimpfung mit DHLPP-, Tollwut-, zuweilen auch Zwingerhustenvakzinen. Solche Schutzimpfungen dienen auch dem eigenen Hund. Würde das Tierheim einen solchen Nachweis nicht fordern, würde ich meinen Hund bestimmt nicht in diese Pension geben. Informiere Dich auch über Ungezieferkontrolle. Gerade Hunde mit Flohbißallergien können in Tierpensionen Probleme bekommen.

Meine eigene Tierklinik hat Mitarbeiter die als *Hundesitter* arbeiten, Sprechstundenhilfen, die zuweilen auch bei sich zu Hause Klinikpatienten unterbringen. Dies könnte eine interessante Alternative bieten. Vielleicht weiß der Tierarzt, ob einer seiner Angestellten den Hund betreuen möchte. Auch sollte man alle persönlichen Verbindungen zu anderen Hundefreunden nutzen, der eine oder andere weiß möglicherweise guten Rat.

Manche Hunde gewöhnen sich so sehr ans Autofahren, daß sie unbedingt immer mit dabei sein wollen.

HUNDLICHES VERHALTEN UND KOMMUNIKATION

Ausführliche Studien über die enge Bindung Mensch/Tier betonen die einmalige Bedeutung dieser wechselseitigen Beziehungen. Wir alle, die wir mit unseren Hunden zusammen leben, verstehen genau die besondere Rolle, die sie für uns spielen - als Lebensgefährten, uns dienend und uns schützend. Ältere Bürger denken wieder intensiver an ihre eigene Ernährung, wenn sie die Verantwortung übernehmen, einen Hund zu füttern. Die Pflicht, ihren Hund regelmäßig zu bewegen, erinnert sie an eigene Verhaltensregeln, die ihnen als älteren Menschen schon unwichtig erschienen waren. Der ältere Hundebesitzer mag an Arthritis leiden, sich schlecht fühlen, aber die Verantwortung für seinen Hund ist für ihn wichtiger Anlaß, aufzustehen und sich zu bewegen. Für ihn bedeudet die Hundehaltung eine große Hilfe - das Tier sucht seine Aufmerksamkeit, stellt an seinen Besitzer eigene Forderungen.

Über die letzten Jahrzehnte wurde eindeutig bewiesen, daß Tiere auch den Streß all der Menschen mildern, die ein sehr beschäftigtes Leben führen. Tierbesitz verringert die Wahrscheinlichkeit von Herzattacken und Schlaganfällen.

Viele Singles genießen die Gesellschaft eines Hundes. Unser Lebensstil hat sich gegenüber dem alter Zeiten wesentlich verändert, heute führen viel mehr Menschen das Leben eines Singles. Sie finden im Besitz eines Hundes ihre Ergänzung.

Höchstwahrscheinlich lebt die überwiegende Mehrheit unserer Hunde in häuslichem Umfeld. Die Lebensgemeinschaft, die sie uns bringen, ist es sicherlich wert. Nach meiner festen Überzeugung sollte jedes Kind mit einem Familienhund zusammenleben können. Hunde lehren Verantwortungsbewußtsein, Kinder erlernen ihre Betreuung, ihre Gefühle, respektieren den Lebenszyklus des Hundes. Häufig entsteht bei Kindern, die ohne Kontakt mit Hunden aufwuchsen, Angst vor Hunden, was gar nicht gut ist. Hunde spüren Furcht

Zu den Vorzügen des Familienhundes gehört es, daß Kinder rechtzeitig auch eigene Verantwortung übernehmen können.

genau, einige könnten die Situation mißverstehen.

Heute dienen immer mehr Hunde dem Menschen in mannigfaltigen Aufgaben. Der Blindenhund steht bereits seit Anfang des Jahrhunderts im Dienste des Menschen, inzwischen haben wir auch Hunde für Gehörlose ausgebildet. In jüngerer Zeit erleichtern Hunde Behinderten immer mehr Aufgaben, bereichern ihr Leben. Such- und Rettungshunde werden heute mit ihren Führern durch die ganze Welt geflogen, um bei Katastrophen Einsatz zu finden. Sie haben viele Menschenleben gerettet!

In Altenheimen werden Therapiehunde immer populärer, sie dehnen heute auch ihre Betreuung auf Krankenhäuser aus. Geduldig warten die Patienten auf ihre Besucher. Ich habe schon mit verschiedenen meiner Hunde solche Besuche durchgeführt, war über die Reaktion der Patienten zu Tränen gerührt. Sie wollten unbedingt meine Hunde in ihren Betten, es wurde ihnen gestattet, sie hielten sie einfach im Arm und liebten sie.

In den USA wird eine *Pet Awareness Week* abgehalten, hier lernen Studierende und viele Hundeliebhaber den Wert der Grundbetreuung unserer Haustiere. In vielen Ländern zeigen die Menschen sogar noch größeres Interesse an Haustieren als die Amerikaner. In diesen Ländern ist es erlaubt, daß die Tiere ihre Besitzer in Restaurants und Geschäfte begleiten.

Soviel Freiheit gibt es in den USA nur für Blinden- und Behindertenhunde. Weltweit wird die Bedeutung der Beziehung Mensch/Tier immer verbreiteter anerkannt.

HUNDLICHES VERHALTEN

Verhaltensstörungen sind immer der häufigste Anlaß, warum Menschen ihre Hunde aufgeben, sie zum Verkauf anbieten oder in Tierheimen abliefern. Leider gibt es zu viele Hundebesitzer, die einfach nicht dazu bereit sind, so viel Zeit aufzubringen, wie eine vernünftige Hundeerziehung verlangt. Auf der anderen Seite stehen Fachleute, die sich über erbliche Gesundheitsstörungen bei Hunden große Sorgen machen, deshalb wesensmäßige Stabilität unserer Hunde zur Grundforderung erheben.

Man sollte wissen, daß eine Hunderasse, auch eine Hundegruppe (beispielsweise Terrier, Jagdhunde u.a.), gewisse Verhaltensmerkmale gemeinsam hat. Jeder erfahrene Züchter kann sich mit den Verhaltensmerkmalen seiner Hunderasse eingehend vertraut machen. Leider wird immer wieder Rassen generell eine Wesensschwäche vorgeworfen, obwohl die breite Mehrheit der Hunde daran gar nicht beteiligt ist, es sich bei den Ausfällen nur um einen kleinen Prozentsatz handelt. Ist eine solche Rasse dann noch sehr populär, gibt es bald eine immer höhere Anzahl wesenslabiler Hunde. Man sollte nie einer Rasse das Etikett gut oder schlecht anheften. Ich persönlich kenne absolut bösartige Hunde mitten aus Hunderassen, die außerordentlich populär und liebenswert sind.

Das hundliche Verhalten wird durch Vererbung wie Umwelt bestimmt. Einige naive Menschen sehen in der Inzucht die Ursache schlechten Wesens. Aber Inzucht führt nur dann

»Mako« ist ein besonders schöner, rassetypischer Pit Bull. Nicht nur ein Ausstellungssieger, sondern auch als Therapiehund anerkannt.

Obgleich alle Hunde Einzelwesen sind, gibt es rassetypisches Verhalten. Leider kann ein einzelner wesensschwacher Hund den Ruf einer ganzen Rasse ruinieren.

zu schlechtem Wesen, wenn dieses Merkmal bereits bei den Ahnen vorhanden war. Verfügen die Vorfahren über vorzügliches Wesen, wird sich dieses durch Inzucht bei den Nachkommen nur weiter festigen. Hast Du Dir je Gedanken darüber gemacht, daß gerade Inzucht die Merkmale einer Rasse bestimmt? Ein Rassehund ist immer das Endprodukt von Inzucht. Dabei sind Mischlinge in keiner Weise frei von Verhaltensstörungen, denn Mischlinge sind meist Nachkommen von rassereinen Hunden.

Bei meinen Zuchtplanungen schaue ich mir den vorgesehenen Zuchtrüden und seine Nachkommen genau im Ausstellungsring an. Beobachte ich dabei unsicheres Verhalten, untersuche ich das Ganze näher. Ich muß herausfinden, ob das Verhalten genetisch bedingt oder durch die Umwelt - beispielsweise durch schlechte Erziehung und Sozialisierung - ausgelöst ist. Ein guter Züchter wird immer wesensschwache Hunde in seiner Zucht meiden.

Es ist gar nicht so lange her, da führten unsere Hunde einen ganz anderen Lebensstil als in heutiger Zeit. Meist blieb die Hausfrau zu Hause, dadurch hatte der Hund menschliche Gesellschaft, es war immer jemand vorhanden, der ihn erzog. Der Hund hatte sich in die Verhältnisse zu fügen. Heute geht die Mutter häufig zur Arbeit, unser gesamter Lebensrhythmus ist wesentlich beschleunigt. So mancher Hund mußte sich daran gewöhnen, nur noch ein *Wochenendhund* zu sein. Die Woche über ging die Familie ihrer Arbeit nach, der Hund mußte sich weitgehend selbst beschäftigen. Es gibt Hunde, die den ganzen Tag schlafen und auf ihre Familie warten, bis sie wieder nach Hause kommt. Manche werden, wenn sie Gelegenheit dazu haben, dabei zu Wohnungszerstörern, Hundekäfige sichern Hund und Haus. Ein solcher Hund wird aber körperlich wie seelisch zum Krüppel. Es fehlt ihm an genügend Auslauf und Zuwendung. Unverändert mögen wir unsere Hunde, schätzen ihre Gesellschaft, aber wir hegen oft viel zu hohe Erwartungen. In vielen Fällen vergessen wir ganz einfach, daß Hunde nichts anderes sind als - *Hunde* - keine Menschen! Ich habe mehrere eigene Hunde, die tagsüber in Käfigen leben müssen, aber ich versuche, mir am Abend für sie sehr viel Zeit zu nehmen - und über das ganze Wochenende. Natürlich unternehmen wir auch immer etwas, ehe ich der Arbeit wegen die Hunde verlassen muß. Sicherlich hilft es meinen Hunden, daß sie in Gesellschaft mit anderen Hunden leben. Dann akzeptieren sie ihre Käfige als ihre *persönlichen Höhlen*. Sie scheinen sich mit dieser Routine auch abzufinden, bemühen sich bei meinem Heimkommen, alles Versäumte nachzuholen.

SOZIALISIERUNG UND ERZIEHUNG

Vielen Ersthundebesitzern fehlt es an Erfahrung. Sie wissen nicht, daß Erziehung und richtige Sozialisierung Voraussetzung sind, damit sich der Hund nach den eigenen Vorstellungen entwickelt. Über die ersten 18 Monate macht die Erziehung einige Arbeit. Aber glaube mir, es ist immer leichter, einen Hund von Anfang an richtig zu erziehen als daß man Probleme sich entwickeln läßt, die dann wieder beseitigt werden müssen.

Die Grundarbeit beginnt beim Züchter. Von frühester Jugend an - ab drei bis vier Wochen - beginnt die Sozialisierung des Welpen, sie ist unerläßlich. Die Sozialisierung auf den Menschen sollte unbedingt bis zum Alter von zwölf Wochen in reichlichem Maße erfolgen, ist über die folgenden Monate beim Hundebesitzer ebenso wichtig. Die Welpen sollten über die ersten Wochen - etwa bis zur siebten Woche - beisammen bleiben, danach spätestens mit zehn Wochen braucht jeder Hund seinen eigenen Besitzer. Läßt man sie länger beisammen, steigert dies die Auseinandersetzungen um die Rangordnung im Rudel. Werden Welpen beim Züchter nicht zwischen drei Wochen bis zur Abgabe eingehend auf Menschen geprägt, werden sie im gesamten späteren Leben furchtsam sein.

Wenn man seinen Pit Bull tagsüber eingezäunt auf dem Gelände ohne Aufsicht laufen läßt, sollte man ihm immer Spielzeug zur Beschäftigung geben.

Alleingelassen schlafen einige Hunde den ganzen Tag über. Wenn Du aber zu ihnen kommst, erwartet Dich ein energiegeladener, übermütiger, spielfreudiger Hund.

Gerade in der Zeit zwischen acht und zehn Wochen sind Welpen besonders empfindlich. Sie müssen von Erwachsenen wie Kindern sehr freundlich behandelt werden. Jede harte Disziplinierung in diesem Alter ist schädlich. Einige Forscher sehen im Alter von vierzehn Wochen den Übergang vom Welpen zum Junghund. Die Junghundzeit dauert bis zur sexuellen Reife, je nach Rasse irgendwann zwischen sechs und vierzehn Monaten. In dieser Junghundzeit sollte der Hund in seiner häuslichen Umwelt häufig mit Fremden zusammenkommen - mit Erwachsenen, Kindern wie anderen Hunden. Mit sexueller Reife wird der Hund beschützender, bellt Fremde gerne an. Rüden beginnen beim Urinieren den Lauf zu heben, markieren ihr Territorium mit kleinen Urinspritzern, ein fester Bestandteil des hundlichen Rituals.

Möglicherweise möchtest Du Dir einen älteren Junghund anschaffen. Dann mußt Du sehr sorgfältig prüfen, ob dieser Hund richtig sozialisiert wurde. Mußte er im Zwinger leben, liegt eine schwierige Zeit vor Dir, wenn Du ihn an viele Menschen und neue Umweltstimulanzien gewöhnen möchtest. Ältere Junghunde haben nur dann Vorteile, wenn sie in der Aufzucht ausgiebig mit Menschen und Tieren vertraut gemacht wurden.

Zur richtigen Erziehung gehören der Welpenkindergarten, je nachdem auch ein oder zwei Lehrgänge in einem Hundeverein in den Grundklassen. Hier lernst Du den richtigen Umgang mit Deinem Junghund. Dies ist besonders für Besitzer von Hunden großer Rassen wichtig. Für einige Hundebesitzer ist es etwas schwierig, zuweilen völlig unmöglich, für ihren Hund zum Alpha-Rudeltier zu werden, wenn der Hund viel kräftiger ist. Auf den Lehrgängen lernst Du, mit Deinem Hund richtig zurecht zu kommen. Dabei geht es um die Stellung des Alpha-Rudelmitglieds, dem sich die anderen unterordnen. Alle Hunde müssen sich immer wieder in ihrem Leben neu einordnen. Ob Du es glaubst oder nicht, einige der wütendsten Protestler dagegen sind acht Wochen alte Welpen, die für die erste Schutzimpfung in unsere Tierarztpraxis kommen. Man muß sie freundlich zum Nägelschneiden festhalten, aber die Art, wie sie sich benehmen, erweckt den Eindruck, als wehrten sie sich dagegen, getötet zu werden. Im Vergleich dazu zeigt sich dann die Schutzimpfung als Nebensache. Wenn wir von Hunden fordern, etwas zu tun, was sie wirklich nicht mögen, zeigen sie sich von ihrer schlechten Seite. Für Deinen Hund wird das gesamte Leben leichter, wenn Du ihn von Jugend an mit den Notwendigkeiten des Lebens vertraut machst, zu richtigem Verhalten und notwendiger Unterordnungsbereitschaft erziehst.

VERSTEHEN DER HUNDESPRACHE

Die maßgebenden Autoren stimmen überein, der Hund ist ein Nachkomme des Wolfes. Hunde und Wölfe haben sehr ähnliche Eigenschaften. Beispielsweise sind beide rudelorientiert, möchten keinesfalls über längere Zeitspannen isoliert leben. Hund wie Wolf erwarten vom Rudelführer - dem Alpha-Tier - Anweisungen. Wolf wie Hund kommunizieren unter-

Wo immer Du einen Welpen kaufst, immer solltest Du genau erkunden, ob und wie er in seiner Jugend aufgezogen wurde.

einander durch Körpersprache, nicht nur innerhalb des eigenen Rudels sondern auch gegen Außenseiter.

Jedes Rudel hat sein Alpha-Tier. Der Hund sieht in Dir den Rudelführer - so sollte es zumindest sein. Wenn Dein Hund aber keine richtige Erziehung und Anleitung findet, könnte er auf die Idee kommen, Dich auch als Rudelführer zu ersetzen. Das könnte sich zum ernsten Problem auswachsen, wäre auch für den Hund ein sehr schlechter Dienst.

Augenkontakt gehört zu den Prinzipien, durch die der Alpha-Wolf in seinem Rudel Ordnung hält. Du bist zu Hause Alpha - entsprechend mußt Du den Augenkontakt zu Deinem Hund aufbauen. Natürlich sollte der Junghund häufig nach Dir schauen. Praktiziere Augenkontakt, selbst wenn Du hierfür den Hundekopf auf fünf bis zehn Sekunden fest zwischen Deinen Händen halten mußt. Als Belohnung kannst Du dem Hund gerne einen Leckerbissen geben. Achte darauf, Dein Augenkontakt muß freundlich, nicht drohend sein. Später, wenn er etwas falsch gemacht hat, ist es richtig, ihm einen langen, durchdringenden Blick zu geben. Ich muß Dich warnen, es gibt einige ältere Hunde, die als Welpe nie Augenkontakt gelernt haben. Diese vermögen solchen Augenkontakt nicht zu akzeptieren. Mit solchen Hunden solltest Du den direkten Augenkontakt meiden, die Hunde fühlen sich dadurch bedroht, würden sich möglicherweise zur Wehr setzen.

KÖRPERSPRACHE

Die Spielhaltung, bei der die Vorderläufe flach liegen, die Hinterhand angehoben wird, bedeutet Einladung zum Spiel. Welpen tragen Spielkämpfe aus, das hilft ihnen, die akzeptable Stärke ihres eigenen Beißens zu erlernen. Dies ist wichtig für ihr ganzes Leben. Vorsicht, mancher Hundebesitzer wiegt sich durch die spielerische Art der Aggression seines Hundes in falscher Sicherheit. Spielerische Aggression gegenüber einem anderen Hund oder Menschen kann durchaus ein Hinweis sein, daß der gleiche Hund in der Zukunft auch einmal ernsthaft angreift. Aus diesem Grunde sollten Hundebesitzer mit jedem Hund - gleich welcher Art - der starke Dominanz zeigt, weder Spielkämpfe austragen noch spielerisches Seilziehen machen.

Zum guten Sozialisieren gehört das Mitnehmen des Welpen, ihn mit anderen Menschen und Tieren laufend bekannt zu machen.

Symbole der Unterwerfung sind:
1. Vermeiden von Augenkontakt.
2. Aktive Unterwerfung - der Hund liegt am Boden, die Ohren zurückgelegt, Rute tief.
3. Passive Unterwerfung - der Hund rollt sich zur Seite, die Hinterläufe in der Luft, häufig kommt es zum Urinieren.

Symbole der Dominanz sind:
1. Aktiver Augenkontakt.
2. Gegenüberstehen mit aufgerichteten Ohren und Rute, Haare im Halsbereich gesträubt.
3. Gegenüber einem anderen Hund wird Dominanz dadurch gezeigt, daß man im rechten Winkel über ihm steht.

Dominanz zeigen Hunde auf charakteristische Art wie:
1. Der Hund ist nicht bereit, seinen Platz aufzugeben (beispielsweise auf dem Sofa, wenn sein Besitzer sich setzen möchte).
2. Er möchte Spielzeug oder andere Gegenstände im Fang nicht abgeben, zeigt Besitzansprüche an seiner Futterschüssel.
3. Zögerlicher Gehorsam auf Kommandos.
4. Er läßt sich ungerne kämmen und bürsten, möchte nicht gestreichelt werden.

Gerade aufgrund ihres sozialen Wesens sind Hunde so populär. Hunde, die innerhalb ihrer ersten zwölf Lebenswochen viel Kontakt mit Menschen hatten, sehen im Menschen einen Artgenossen, ein Rudelmitglied. Alle Hunde sind von Natur aus zu dominantem wie unterwerfendem Verhalten veranlagt. Nur durch Erfahrung und Erziehung lernen sie, wem gegenüber sie welches Verhalten anwenden können. Nicht alle Hunde streben Dominanz an, aber die Hundebesitzer müssen diese Möglichkeit in Betracht ziehen. Es ist immer vernünftig, wenn die Dominanzfrage früh geregelt ist.

Ein Mensch kann dem Hund gegenüber Dominanz oder Nachgiebigkeit in folgender Art zeigen:
1. Begegnen des Hundeblicks signalisiert Dominanz. Wenn man den Blick vermeidet, signalisiert dies Unterwerfung. Wenn der Hund knurrt oder droht, ist ein Abwenden des Blicks möglicherweise die erste notwendige Handlung - es verhindert meist den Angriff.

Ein gut sozialisierter und richtig angepaßter Pit Bull ist Fremden gegenüber freundlich, läßt sich gerne streicheln.

*Diese Körpersprache
ist eindeutig und klar:
»Rubbele meinen
Bauch!«*

Wichtig ist es, mit dem Junghund Augenkontakt aufzubauen. Nur ältere Hunde, die niemals Augenkontakt hatten, könnten darin eine Bedrohung sehen, sind möglicherweise nicht zur Unterwerfung bereit.

2. Größer sein als der Hund signalisiert Dominanz - niedriger wäre ein Signal der Unterwerfung. Genau dies ist der Grund, warum man sich auf Hundehöhe niederkniet, wenn man mit einem fremden Hund Freundschaft sucht oder einen Ausreißer einfangen will. Einige Hundebesitzer erlebten Dominanz ihres Hundes, wenn sie ihnen Zugang auf Mobiliar oder das Bett gestatteten. Damit war der Hund auf gleiche Ebene mit seinem Besitzer gebracht.

3. Durch Ignorieren aller sozialer Bemühungen des Hundes kann der Besitzer Dominanz gewinnen. Hierbei kümmert sich der Hundebesitzer nur dann um sein Tier, wenn dieses einem Kommando gehorcht.

Niemals darf man einem Hund Dominanzstatus über einen Erwachsenen oder ein Kind einräumen. Dies verhindert man durch folgende Maßnahmen:

1. Behandle den Welpen freundlich, insbesondere innerhalb der ersten drei bis vier Monate.
2. Kinder und Erwachsene füttern mit der Hand, bringen dem Hund bei, ohne Schnappen oder Drängen zu fressen.
3. Gestatte dem Hund nie, hinter Kindern oder Joggern nachzujagen.
4. Erlaube ihm nicht, Menschen anzuspringen oder an ihren Beinen herumzurammeln. Selbst Hündinnen versuchen dies zuweilen. Es ist eine Dominanzgeste, keine Rüdengeste.
5. Erlaube Deinem Hund nie zu knurren, gleich aus welchem Grund.

Im allgemeinen ist der größere Hund dominant, Welpen gegenüber aber tolerant, auch wenn dieser Welpe nicht gerade sein Spielzeug zu teilen bereit ist.

6. Beteilige Dich nie an Kampfspielen oder Seilziehwettbewerben.
7. Bestrafe Junghunde bei aggressivem Verhalten nicht körperlich. Unterbinde eine Wiederholung dadurch, daß Du ihn alternatives Verhalten lehrst. Die Hunde müssen lernen, daß sie alles von ihrem Besitzer erhalten. Hierzu gehören beispielsweise das Sichhinsetzen ehe sie gestreichelt werden oder Leckerbissen erhalten, hinsetzen, ehe man durch die Tür geht, hinsetzen, um das Halsband angelegt zu bekommen, angeleint zu werden. Alle diese Übungen verstärken die Dominanz des Besitzers.

Nie darf man kleine Kinder mit einem Hund alleine lassen. Wichtig ist, daß Kinder die Grundkommandos des Hundes lernen, so daß sie selbst auch über den Hund Kontrolle gewinnen. Dadurch wird der Hund sie akzeptieren.

FURCHT

Zu den verbreitetsten Problemen bei Hunden gehört, daß sie sich fürchten. Einige Hunde sind furchtsamer als andere. Beispielsweise kann sich mein Hund vor einem fremden Gegenstand außerordentlich erschrecken, er sieht manchmal dabei recht furchtsam aus. Zuweilen benimmt er sich wie verrückt, wenn irgendetwas zu Hause nicht an der richtigen Stelle steht. Man kann dieses Verhalten als durchaus wahrnehmbare Intelligenz interpretieren. Der Hund erkennt, was in vertrauter Umwelt für ihn anders ist. Meist verhält er sich in fremder Umwelt nicht in der gleichen Art, denn dort weiß er nicht, was normal ist.

Viel ernsthafter ist Angst vor Menschen. Daraus kann sich ein Zurückschrecken entwickeln, zu Abstandshaltung führen. Der Hund bringt zum Ausdruck - *laß mich alleine* - diese Angst kann aber auch Aggression gegenüber dem Menschen auslösen, der den Hund erschreckt. Grundsätzlich sollte man den Wunsch des Hundes respektieren, alleine gelassen zu werden, ihm Zeit lassen, daß er von selbst kommt. Näherst Du Dich dem ängstlichen Hund, könnte er aus Angst schnappen. Wenn Du ihn sich selbst überläßt, nähert er sich möglicherweise selbst, was man durch einen Leckerbissen belohnen sollte. Vor Jahren hatten wir einen Hund, der sich so verhielt. Wir baten fremde Menschen, am Haus anzuhalten, sich mit unserem furchtsamen Hund anzufreunden. Der Hund lernte, die Leckerbissen anzunehmen. Nach einigen Wochen der Arbeit hatte er sein Mißtrauen überwunden, war für neue Freunde recht aufgeschlossen.

Manche Hunde sind anfangs zu ängstlich, um Leckerbissen anzunehmen. In solchen

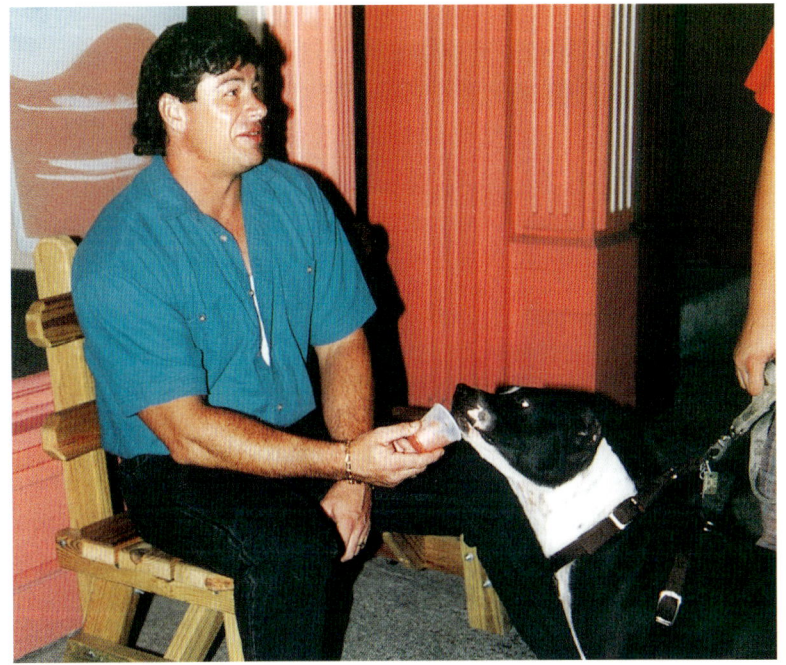

Hunde sind Gesellschaftstiere. Hier »sozialisiert sich« Bonehead mit dem Besitzer eines italienischen Restaurants, erhält orangefarbenes Wassereis als Leckerchen.

Fällen kann es helfen, den Hund etwa 24 Stunden nicht zu füttern. Etwas Hunger läßt ihn bereitwilliger die Leckerbissen annehmen, insbesondere wenn sie ihm gut schmecken. Ich besaß einen Hund, der sich vor allen Fremden fürchtete, denn mein Haus liegt so einsam, daß selten Menschen kommen. Über die Jahre hat er sich an Besucher gewöhnt, läuft fröhlich herbei, um jedermann, der bei uns auf dem Sofa sitzt, zu begrüßen. Ganz von alleine lernte dieser Hund, daß auf Sofa sitzende Gäste vertrauenswürdige Freunde sind. Wahrscheinlich zeigte er auch mehr Selbstvertrauen, weil die Gäste auf gleicher Ebene mit ihm waren, nicht mehr so drohend hoch über ihm standen.

Hunde können sich vor einer Vielzahl von Dingen fürchten, darunter laute Geräusche und Donnergrollen. Unabsichtlich belohnt der Hundebesitzer durch sein Trösten noch einen solchen Hund für seine Anzeichen von Furcht. Mit einem meiner Lieblingshunde hatte ich schreckliche Probleme in der *Utility Obedience Class*. Nicht nur, daß er schon in der Klasse recht schüchtern auftrat, zusätzlich fürchtete er sich vor Lärm und etwas zu tun, was mir nicht gefiel. Häufig warf er an der Hürde die obere Stange ab, die schrecklich auf den Boden klatschte. Ich übte Geduld, weil der Hund immer wieder versuchte, mit dem Hindernis fertig zu werden, obwohl er stark verunsichert war. Schließlich lernte ich, jedesmal, wenn er den Sprung umwarf, ihn meinerseits zu *belohnen*. Ich sprang hin und her, klatschte in die Hände und sagte ihm, wie großartig er war. Meine Psychologie zahlte sich aus. Er entspannte sich und überwand nach und nach den Sprung mühelos. Wenn Dein Hund Furcht zeigt, lenke seine Aufmerksamkeit auf etwas anderes, zeige Dich fröhlich. Nie darfst Du seine Furcht noch teilen.

AGGRESSION

Einige unterschiedliche Aggressionsarten sind: Beuteverhalten, Verteidigung, Dominanz, Besitzwahren, Schutztrieb, Angstbeißen, Reaktion auf Lärm, Wutsyndrom (nicht herausgeforderte Aggression), Muttertrieb und Aggression gegenüber anderen Hunden. Aggressionen gehören zu den verbreitetsten Verhaltensstörungen auf die man trifft. Insbesondere Schutzhunderassen sind in der Regel aggressiver als andere, bei richtiger Erziehung werden sie aber zu sehr verläßlichen Begleitern. Du mußt einfach in der Lage sein, *Deinen Hund zu lesen.*

Viele Faktoren tragen zur Aggression bei, vorwiegend sind es genetische Veranlagung und Umwelt. Ungeeignete Umwelt beeinflußt das hundliche Verhalten maßgebend, beispielsweise allgemeine Lebensverhältnisse, fehlendes Sozialleben, exzessive Bestrafung, durch einen aggressiven Hund angegriffen werden oder sich fürchten u.a. Selbst Verwöhnen des Hundes, ihn zuviel Loben, können ins Gegenteil umschlagen. Ein guter Hund wird leicht durch Isolation, mangelnden menschlichen Kontakt aggressiv, ebenso wenn er häufig von Kindern oder Erwachsenen geneckt oder gereizt wird.

Auch fehlende Anleitung, Furcht oder Verwirrung können bei entsprechend veranlagten Hunden zu Aggression führen. Jede Unterordnungsübung, selbst *Sitz* und *Platz,* könnte den Hund in falsche Richtung, zu Furcht und/oder Verwirrung führen. Jeder Hund muß diese Kommandos schon als junger Hund lernen, wobei alles dann durch immer neue Wiederholung dem Hund in Fleisch und Blut übergeht.

Zeigt Dein Hund Zeichen von Aggressivität, solltest Du ruhig mit ihm sprechen - keinesfalls schreien oder hysterisch werden. Gib ihm ein festes Kommando, das er kennt, beispielsweise *Sitz.* Sobald der Hund gehorcht, hast Du Deine dominante Stellung wieder hergestellt.

Natürlich ist Aggression besonders problematisch, weil sie andere gefährden könnte. Manchmal ist es auch eine Frage der persönlichen Haltung, Hundebesitzer ermuntern dabei bewußt oder unbewußt ihren Hund zur Aggression. Es ist unbedingt die Pflicht jedes Hundebesitzers, alle notwendigen Maßnahmen zu ergreifen, um seinen Hund unter Kontrolle zu halten. Der Hundebesitzer ist für alle Handlungen seines Hundes verantwortlich. Es wird immer sehr große Probleme nach sich ziehen, wenn ein Mensch gebissen wird, insbesondere ein Kind. Für einige Hundebesitzer droht dann das Einschläfern des Hundes als Lösung der Probleme, ist in schweren Fällen möglicherweise unvermeidlich. Aber nur wenige Hunde sind wirklich so gefährlich und sehr wenige Hunde bedrohen tatsächlich ihren Besitzer. Wenn man mit Verantwortungsbewußtsein daran geht, erforderlichenfalls frühzeitig die Hilfe des Fachmanns erbittet, kann man in den meisten Fällen den Hund sicher in seine Schranken weisen.

Einige Fachleute empfehlen proteinarme Ernährung (weniger als 20 %), sie sehen darin ein Mittel, die Aggressionsbereitschaft zu mindern. Verliert der Hund dabei an Gewicht, erhält er durch pflanzliches Öl einen Ausgleich. Tierärzte wie Verhaltensforscher haben auch durch Medikamente gewisse Erfolge zu verzeichnen. Der Hundebesitzer muß wissen, in vielen Fällen ist eine Behandlung möglich, kann die Situation verbessert werden.

Wenn Du alles nach den Anweisungen über Erziehung und Sozialisierung sorgfältig getan hast und trotzdem eine Verhaltensstörung auftritt - nicht aufgeben! Wichtig ist immer,

Welpen sind lebende, atmende Tiere, dürfen nicht wie Spielzeug behandelt werden. Behandelt ein Kind den Welpen mit Vorsicht und Respekt, wird es auch vom Welpen mit Respekt behandelt.

Ein Pit Bull von gutem Wesen zeigt weder Angst noch Aggression.

daß man sich mit dem Problem befaßt, ehe es einem aus der Hand gerät. Man schätzt, daß in den USA 20 % der Sprechzeit des Tierarztes solchen Problemen gewidmet sind. Meist gelingt es dabei, daß weder der Hund von seinem Besitzer getrennt, noch aus seinem Umfeld genommen werden muß. Vermag der Tierarzt nicht zu helfen, sollte er den Hund an einen erfahrenen Verhaltenstherapeuten überweisen.

EINZELPROBLEME
Bellen

Eine Gewohnheit, die man nie fördern darf. Über die Jahre haben mich immer wieder Hundebesitzer angerufen, mir erzählt, ihr Hund habe nicht zu bellen gelernt. Ich versicherte ihnen, daß sie großes Glück haben, sich nicht beunruhigen sollten. Einige Hundebesitzer wünschen sich sehr, ihr Hund sollte bellen, wachsam sein. Nach meiner Erfahrung bellen die meisten Hunde, wenn wirklich ein Fremder an die Tür kommt.

Der neu angekommene Welpe bellt und winselt häufig in seinem Käfig in fremder Umwelt; dieses falsche Welpenverhalten verstärkt dann der Hundebesitzer, indem er mitten

Dieser lächelnde Pit Bull sieht aus, als warte er auf jemanden, der kommt, um ihn zu streicheln.

in der Nacht zum Hund geht. Dies ist *streng verboten*. Den Neulingen sage ich, sie sollten auf den Käfig schlagen, mit lauter Stimme *Ruhe!* verlangen. Welpen mögen den Lärm nicht, wenn man auf ihren Käfig schlägt. Wenn das Bellen tatsächlich Schlafen unmöglich macht, ist es besser, wenn der Hundebesitzer Käfig und Welpe einige Tage mit ins Schlafzimmer nimmt, bis sich der Welpe an die neue Umwelt gewöhnt hat. Andernfalls muß man Bellen und Winseln nachts absolut ignorieren.

Bellen kann erblich bedingt sein, aber auch schlechte Gewohnheit, durch Umwelteinflüsse erlernt. Es bedarf einiger Mühe, dem Hund das Kläffen abzugewöhnen. Man achte dabei immer auf die Ursache des Bellens. Möchte der Hund nur Aufmerksamkeit finden, muß er ins Freie, um sich zu lösen, ist es Fütterungszeit? Erfolgt das Bellen wenn der Hund alleingelassen ist? Handelt es sich um ein schützendes Bellen? Zur Zeit besitze ich einen zehnwöchigen Welpen, der wirklich lautstark ist; ich weiß, er hat es genetisch ererbt. Sowohl Mutter wie Großmutter sind starke Beller, mit den Jahren wurde es bei ihnen aber auch besser. Mein Welpe wird von mir mit einem festen *Nein!* korrigiert, notfalls mit einem leichten Durchschütteln, und er reagiert richtig. Wenn Kläffen für Dich zum Problem wird, mußt Du es von Anfang an unterbinden.

Es gibt heute Halsbänder, die für diese Erziehung hilfreich sind. *Aboi-Stop* arbeitet nach dem System, daß im Hundehalsband ein Mikrophon eingebaut ist, weiterhin eine Batterie und eine Dosis Zitronenlösung. Das Bellen löst über Mikrophon und Batterie Zitronenduft aus, ohne daß der Hund dabei in irgendeiner Weise gefährdet oder verletzt wird. Besonders der Verhaltensforscher Dr. Roger Mugford hat über Jahrzehnte nach diesem System eine Vielzahl von Kläffern korrigiert. Die Methode ist empfehlenswert. Dieses Halsband ist auch in den deutschsprachigen Ländern beim Fachhandel erhältlich, spart viel Ärger mit den Nachbarn.

Ehe man zu diesem Hilfsmittel greift, sollte man aber zunächst herauszufinden versuchen, was wirklich das Kläffen des Hundes auslöst. Weiß man dies, kann man durch entsprechende Erziehung auch ohne künstliches Hilfsmittel darauf Einfluß nehmen.

Hochspringen

Persönlich bin ich nicht gerade begeistert, wenn mich andere Hunde anspringen. Tun sie es aber nicht, bedaure ich es doch wieder. Meine eigenen Hunde ermuntere ich, mich - auf Kommando - anzuspringen. Einige tun es, andere nicht. Nach meiner Überzeugung ist ein Hund, der anspringt, ein fröhlicher Hund. Trotzdem, nur sehr wenige Gäste mögen solches Anspringen, die Bekleidung ist voller Pfotenspuren und/oder verschmutzt. Ich bin fest davon überzeugt, daß ich über die ersten Wochen meinen Hunden das Anspringen erlauben sollte. Nach meiner Erfahrung macht es Hunde furchtsam, wenn man dies zu früh oder im

Ekzessives Bellen kann sehr stören, Hunde kommunizieren aber nun einmal durch ihre Stimme. Was dieser Pit Bull wohl zu sagen hat?

falschen Alter korrigiert. Tut man es doch, könnten sie über ihr gesamtes späteres Leben Menschen gegenüber furchtsam sein. Es kommt aber bestimmt die Zeit - etwa im Alter von vier Monaten - dann muß der Hund lernen, wann er anspringen darf, wann er sich stattdessen setzen muß, um gute Manieren zu zeigen.

Einige Fachleute gestatten das Anspringen nie. Wenn Dich das Anspringen stört, solltest Du es von Anfang an untersagen. Denke dabei auch daran, ein großer Hund kann einen älteren Mitbürger durch Anspringen verletzen, viele sind gebrechlich. Es gehört gar nicht viel dazu, der Mensch fällt um und kann sich dabei einen Knochen brechen.

Wie kann man das Problem korrigieren? Alle Familienmitglieder müssen mitarbeiten! Sobald der Hund beginnt, einen Menschen anzuspringen, muß er in die Position *Sitz* gebracht werden. Dies gilt für jedes einzelne Anspringen! Vergiß dann aber keinesfalls, sein gutes Verhalten zu belohnen. Hat sich ein älterer Hund diese Untugend angewöhnt, faßt man seine Pfoten und drückt sie eng zusammen, begleitet von einem festen *Nein!* Bald wird er das verstehen. Nochmals - die ganze Familie muß sich an dieser Erziehung beteiligen. Jedesmal, wenn man ihm das Anspringen doch gestattet, bedeutet dies in der notwendigen Erziehung einen Rückschritt .

Beißen

Alle Welpen beißen, versuchen an Fingern, Zehen, Armen herumzukauen. Dies ist die richtige Zeit, um ihnen sanft beizubringen, daß sie nicht hart beißen dürfen. Stecke Deinen Finger in den Welpenfang, beißt er dabei zu hart, kommt das Kommando *Ganz zart!* Fährt er fort, muß er lernen, daß es Dir weh tut. Ich selbst schreie auf, benehme mich, als sei ich ernsthaft verletzt. Wenn der Welpe weiter zu rauh spielt, auf Korrekturen nicht reagiert, braucht er etwas Ruhezeit, wird freundlich in seinen Käfig gesperrt. Besonders vorsichtig muß man mit Welpen umgehen, die noch ihre ersten Welpenzähne haben. Diese Zähne wirken wie Nadeln, können auch bei kleinen Kindern unangenehme Kratzer hinterlasen. Meine

Leider haben viel zu viele Hundefreunde negative Berichte über angebliche »Pit Bulls« gehört, glauben deshalb, sie seien bösartig und aggressiv.

Hochspringen zeigt in der Regel einen glücklichen, liebevollen Hund. Trotzdem muß er lernen, wann solches Verhalten angenehm und wann verboten ist.

erwachsene Tochter hat noch immer eine kleine Narbe im Gesicht aus der Zeit, da sie als Achtjährige einen acht Wochen alten Junghund neckte.

Beißen von halberwachsenen und erwachsenen Hunden muß unter allen Umständen unterbunden werden. Sollte es passieren, lasse ich den Hund deutlich fühlen, daß Beißen in keinem Fall von mir akzeptiert wird. Richtet sich der Biß gegen einen anderen Hund - beim Raufen - ist Vorsicht geboten. Vielfach mußte ich meine Hunde trennen, meist mitten dazwischen. Einige Fachleute empfehlen, den Kampf dadurch zu beenden, daß man die Hinterläufe des Hundes hochreißt. Dies eignet sich aber nur, wenn für jeden Hund ein Helfer bereitsteht. Richtig ist, daß man mit hochgehobenen Hinterläufen schlecht kämpfen kann. Hundebisse sind immer ein Grund zur Besorgnis, müssen behandelt werden. Am besten wäscht man den Biß mit Kernseife und warmem Wasser aus, nimmt dann mit dem Arzt Verbindung auf. In Gebieten mit Tollwutbefall muß man sich über die Schutzimpfung des Hundes informieren.

Ich besaß mehrere Hunde, die recht empfindlich waren, wenn man Verfilzungen in ihrem Fell löste, insbesondere wenn es ihnen zuviel wurde. Sie warnten fairerweise zuvor, drehten und wendeten sich, als wollten sie nach meinen Händen schnappen. Aber eine kurze Warnung von mir besagte: »*Es tut mir leid, aber wage es nicht, nach mir zu beißen! Habe Geduld, ich bin auch ganz vorsichtig beim weiteren Auskämmen.*« Ich habe insgesamt mehr als 30 Hunde selbst besessen, noch sehr viel mehr Welpen aufgezogen. Ich müßte noch erleben, daß mich einer meiner Hunde beißen würde, selbst bei zwei oder drei Raufereien, in denen ich mich gezwungen sah, sie zu trennen. Keiner meiner Hunde wagt es, mich zu beißen! Sie wissen genau, daß ich der Boß bin.

Bei anderen Hundebesitzern ist dies nicht immer der Fall. Ich möchte hier niemandem Furcht einjagen, aber wenn Du vom eigenen Hund gebissen wirst, solltest Du Dich sofort

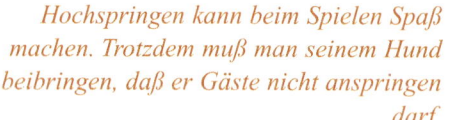

Hochspringen kann beim Spielen Spaß machen. Trotzdem muß man seinem Hund beibringen, daß er Gäste nicht anspringen darf.

vom Fachmann beraten lassen. Unter fachmännischem Rat verstehe ich einen erfahrenen Tierarzt, Hundeausbilder oder Verhaltenstherapeuten, der wirklich sein Handwerk versteht. Wichtig ist natürlich, daß Du Dich von Deinem Hund auch nicht einschüchtern läßt. Fürchtest Du Dich gebissen zu werden, kannst Du ihn nur noch schwer disziplinieren!

Anmerkung der Übersetzer: die einfachste, sicherste und für alle Beteiligten unge-fährlichste Art, raufende Hunde zu trennen, ist den Hund an den Hinterläufen zu packen und fest in den »Gegner« hineinzustoßen. Da Hunde von Natur »Beutegreifer« sind, ent-steht ein Reflex, der den Biß löst, wenn die Beute entgegenkommt. Notwendig sind aber immer zwei vernünftige Hundebesitzer, die auf Kommando gleichzeitig handeln.

Graben

Von Langeweile geplagte Hunde reagieren ihre Frustration auf mannigfaltige Art ab, bei-spielsweise durch graben. Ich habe noch nie verstanden, warum sich Menschen überhaupt Hunde zulegen, wenn sie diese im Zwinger halten. Man sollte Hunde auch dann nicht draußen unbeaufsichtigt lassen, wenn sie gut eingezäunt sind. Im allgemeinen wird der Hund *ins Gefängnis (Zwinger)* verbannt, weil sein Besitzer ihn nicht länger im Haus tole-rieren möchte. Der Hund fühlt sich sozial isoliert, möchte weiter fester Bestandteil des Lebens seines Besitzers bleiben. Er wurde nach draußen verbannt, weil sein Besitzer die richtige Hundeerziehung vernachlässigt hat. Dadurch wurde der Hund nicht zu dem Lebensgefährten, wie wir es uns vorstellen. Gehörst Du zufälligerweise zu diesen Hundebesitzern, wäre es vielleicht möglich, daß Du Dich selbst änderst? Gib Deinem Hund eine neue Chance! Einige Hundebesitzer finden den Hundegeruch und das ungepflegte Fell lästig. Sie sollten besser darauf achten, daß ihr Hund regelmäßig gepflegt wird, mit ihm bei Bedarf auf den Hundeplatz gehen.

Urinieren als Unterwerfung

Hier handelt es sich ausdrücklich um kein Problem der Stubenreinheit. Man trifft es in allen Rassen, in einigen aber bedeutend ausgeprägter. Meist passiert es bei Junghunden, gelegentlich aber auch bei älteren Hunden. Oft geschieht es im Zusammenhang mit körper-lichem Loben und Streicheln. Am besten ignoriert man den Hund, bis er Gelgenheit hatte, sich zuvor zu lösen oder weicht auf Lob durch Worte aus. Durch Ausschelten macht man das Problem nur schlimmer! Die meisten Hunde überwinden das Problem mit der Zeit.

Kotfressen - Koprophagie

Dieses Problem tritt zuweilen auf, ohne daß sich die Ursache genau ermitteln läßt. Ausgangspunkt ist zuweilen Langeweile, es wird dann zu einer Gewohnheit, die schlecht zu ändern ist. Das beste Rezept ist das Anleinen des Junghundes, sorgfältiges Kotbeseitigen in Auslauf und Garten. Damit führt man den Hund gar nicht erst in Versuchung. Ich vermeide nach Möglichkeit, Auslauf und Garten zu reinigen, während die Junghunde mich begleiten. Meine Sorge geht dahin, daß einige Welpen versuchen mir zu helfen, Kot aufnehmen, ehe ich die Chance habe. Vom Tierarzt erhält man ein Medikament, das man dem Hundefutter beigeben kann, dadurch schmeckt der Kot bitter. Natürlich hilft dies wenig, wenn Dein Hund den Kot hinter anderen Hunden aufsammelt.

*Zusammenleben erfordert wechselseitiges Vertrauen und Zuneigung.
Ein richtig erzogener und früh sozialisierter Hund denkt nicht daran,
seinen Herrn zu beißen.*

Der Ausbrecher

Es gibt eigentlich wenig Entschuldigung dafür, daß ein Hund wegläuft. In der Regel sollte er in der Öffentlichkeit an der Leine
gehalten werden oder sich im eingezäunten eigenen Garten bewe-
gen. Dies ist eine typisch amerikanische Erklärung. Glücklicherweise bietet uns in den
deutschsprachigen Ländern die Öffentlichkeit noch genügend Auslaufflächen, so daß sich
unsere Hunde auch unangeleint bewegen können. Dies ist auch zur Entwicklung ihres
Sozialverhaltens und ihrer körperlichen Gesundheit nahezu unerläßlich!

Regelmäßig erhalte ich Anrufe von Hundefreunden, sie möchten am liebsten eine
Hündin kaufen, da der Rüde doch zum Streunen neige. Es ist schon wahr, sexuell interessierte Rüden stromern gerne herum, dies ist einer der Gründe, die für Kastration sprechen.
Aber auch Hündinnen genießen die Freiheit, insbesondere wenn sie gerade heiß sind.
Richtige Erziehung ist angezeigt, sollte das Problem wesentlich einschränken. Wichtig ist -
alleine herumstromern bei den heutigen Verkehrsverhältnissen ist für den Hund lebensge-
fährlich. Vor ein paar Jahren kam in unsere Tierklinik ein älterer Hund, die Röntgenaufnah-
me zeigte eine Darmblockade. Der Tierarzt vermutete, es handele sich um einen Maiskol-

*Bringe Deinem Welpen
von Anfang an korrektes
Verhalten bei. Immer
sollte er so süß sein, wie
er auf diesem Foto aus-
sieht!*

Typische Unterbringung für Pit Bulls in ihrer amerikanischen Heimat. Zu Recht würde in unseren Ländern der Tierschutz eingreifen.

ben. Der Hundebesitzer bestritt nachhaltig, daß der Hund irgendwelche Möglichkeit habe, einen Maiskolben hinunterzuschlucken. Offensichtlich stromerte dieser Hund, kam in den Gemüsegarten des Nachbarn und - Du hast es schon erraten - die Operation brachte einen Maiskolben, der den Darm blockiert hatte. Ein anderer Hund marschierte durch den Kohlgarten eines anderen Nachbarn, starb an den auf dem Kohl abgelagerten Giften.

Im Zweifel für den Angeklagten! Vielleicht ist der Hund Dir entwischt als Du mit ihm auf dem Hof oder im Park spieltest, weigerte er sich zurückzukommen. Dann machte er sich auf den Weg! Ich habe dies in wenigen Fällen beobachtet, sogar zu meiner großen Verlegenheit auf Leistungsprüfungen selbst erlebt. Sorgfältig nachdenken! Das Allerwichtigste ist - hast Du den widerspenstigen Hund eingefangen, darfst Du ihn keinesfalls strafen! Der Grund hierfür ist - bei einer durchaus möglichen Wiederholung der Angelegenheit wäre es das nächste Mal höchst willkommen, wenn er auf Dein Kommando fröhlich zu Dir zurückkehrte.

Beim Einfangen eines Ausreißers solltest Du immer niederknien. Hunde fürchten sich mehr vor stehenden Menschen. Hilfreich wäre auch ein Leckerbissen oder das Lieblingsspielzeug, um den Hund wieder an Deine Seite zu bekommen. Nach dem ersten Ausbruchsmanöver solltest Du sorgfältig mit Deinem Hund das Kommen üben. Laß ihn anfänglich eine lange Schnur (Wäscheleine) hinter sich herziehen, rufe ihn mehrfach und ziehe ihn erforderlichenfalls in die richtige Richtung. Immer muß der Hund als erster die Berührung suchen. Selbst zuerst den Hund anzufassen - gar ihm entgegenzugehen - kann ihn erschrecken. Bei jedem Kommen erhält er ein kleines Leckerchen, nach und nach festigt sich bei ihm die Vorstellung, daß Kommen angenehm ist. Die Wäscheleine verhindert während der Ausbildung, daß der Hund aus der Hand gerät.

Meine eigenen Hunde kommen heute prompt innerhalb einer Reichweite von wenigen Metern, haben sie diese verlassen, drehen sie ab und suchen das Weite. Das Ganze ist dann ein fröhliches *Fang-mich-doch-Spiel*. Mit der langen Leine läßt sich der Grundradius, in dem der Hund zurückkommt, erweitern. Langfristig muß aber jeder Hund lernen, auf Anruf sofort und freudig zu seinem Besitzer zu kommen.

Dieser kleine Pit Bull zeigt, daß er dringend Gesellschaft braucht, jemandem zum Spielen!

143

Hat dieser Pit Bull-Welpe wirklich das Gesicht eines kleinen Bösewichts?

Futter verteidigen

Bei den ersten Anzeichen, daß der Junghund sein Futter verteidigt, sollte man das Problem sofort unterbinden. Es wäre falsch, den Hund in einer geschäftigen Umgebung zu füttern, wo Kinder und andere Tiere ihn möglicherweise beim Fressen stören. Dies kann zum Ausgangspunkt der Futterverteidigung werden. Der Hund braucht zum Fressen einen ruhigen Ort, wo er sich ungestört fühlt. Als Welpe wird er direkt danach ins Freie gebracht, damit er sich lösen kann.

Wenn Du Anzeichen von Verteidigung beim Wegnehmen der Futterschüssel oder eines Spielzeugs beobachtest, solltest Du den Hund eine Zeitlang aus der Hand füttern, ihn lehren, daß es völlig in Ordnung ist, wenn man Futterschüssel oder Spielzeug wegnimmt. Er erhält es ja mit absoluter Sicherheit danach wieder zurück. Wenn Dein Hund immer noch Schwierigkeiten macht, Dich einzuschüchtern versucht, solltest Du ihn anleinen, zur

144

Je mehr die Menschen über den Pit Bull lernen, umso mehr werden sie erkennen, daß es sich um eine intelligente, vielseitige Rasse handelt, die sich dank richtiger Erziehung auch mit allen anderen Tieren verträgt.

Fütterungszeit erst freundlich mit ihm sprechen. Sein Futter erhält er jetzt erst nach einigen Unterordnungsübungen wie *Sitz* oder *Platz*. Hilft auch das nicht, solltest Du, ehe die Sache außer Kontrolle gerät, einen Fachmann konsultieren. Ist der Hund nur beim Bewachen seines Spielzeugs aggressiv, solltest Du es ihm möglicherweise wegnehmen, zumindest solange Kinder in der Umgebung sind.

Fehlverhalten und Widerstand

Alle Junghunde und auch ausgewachsene Hunde durchlaufen in ihrem Leben eine Periode der Aufmüpfigkeit. Am besten macht man von Anfang an das Haus *hundefest*. Dabei ist es natürlich unmöglich, allen eventuellen Problemen vorzubeugen. Selbst wenn Du die Räumlichkeiten auf vier Wände und einen Boden beschränkst, noch immer könnte der Hund ein Loch in die Wand beißen. Was kann man wirklich tun?

Welpen darf man überhaupt nicht unüberwacht in der Wohnung herumlaufen lassen, das gilt im Grundsatz auch für einen sich schlecht benehmenden erwachsenen Hund. Hunde sind hier genau wie Kinder, manchmal richten sie Unheil an, selbst wenn sie genau wissen, daß sie dafür bestraft werden. Welpe oder ausgewachsener Hund, beide bessern sich nur aufgrund von vermehrter Aufmerksamkeit und Erziehung. Am besten besucht man mit ihnen eine Erziehungsklasse auf dem Hundeplatz oder wiederholt Unterordnungsübungen, die sie bereits gelernt haben. Wie steht es mit den täglichen Spaziergängen? Eine vorzügliche Gelegenheit für Deinen Hund, Zeit zum gemeinsamen Handeln. Richtig erzogene Hunde, die genügend Auslauf haben, machen zu Hause selten viel Schaden!

Trennungsangst

Trennungsangst entsteht, wenn ein gestreßter, unsicherer Hund von seinem Besitzer

Es ist unmöglich, die ganze Wohnung »welpenfest« zu machen. Deshalb sollte man Junghunde beschäftigt halten, ihm ein Kauspielzeug geben - vielleicht schont er dann den neuen Teppich!

getrennt wird. Einer der Fehler des Besitzers liegt bereits beim Verabschieden vom Hund vor dem Weggehen. Einige Fachleute empfehlen, zumindest zehn Minuten vor dem Abschied den Hund weitgehend zu negieren, ebenso die ersten zehn Minuten nach der Rückkehr. Wenn der Hund die Tatsache des Verlassens mangels Abschied- und Wiederkehrzeremonien als Routine empfindet, wird es für ihn bald zu einer Alltagsangelegenheit. Besonders Hunde, die gewohnt sind, in Käfigen zu ruhen, akzeptieren die Trennung leichter.

Man kann den Hund nach und nach an die Trennung gewöhnen, verläßt ihn anfangs nur für wenige Minuten, dann immer etwas länger. Bei der Rückkehr gibt es einen Leckerbissen. Diese Erziehung darf man nicht überstürzen, die Überwindung der Trennungsangst dauert immer etwas länger. Es gibt vorzügliche Literatur zu diesem Thema, beispielsweise *Dr. Roger Mugford: HUNDE AUF DER COUCH* und *John Fisher: VERHALTENSSTÖRUNGEN BEI HUND UND KATZE*. Hier findet der Hundehalter eine Fülle erprobter Erziehungsmethoden. Das Problem tritt insbesondere bei Hunden auf, die schon mehrfach den Besitzer wechselten, seelisch labil sind, sich vor jeder Trennung ängstigen.

Strafen

Der Junghund muß lernen, daß manchmal Korrekturen notwendig sind, er darf Deine Autorität nicht anzweifeln. Bei einem älteren Hund, der nie zuvor erzogen wurde, mag dies schwieriger sein. Nach meiner Erfahrung bedarf es irgendwann auch einmal der körperlichen Bestrafung, dies bedeutet aber mit Sicherheit nicht, den Hund zu schlagen. Versuche es nicht mit zusammengerollter Zeitung, Fliegenklatsche und ähnlichem. Achte darauf, was die Mutterhündin tut, wenn sie ihre Welpen zurechtweist. Sie packt sie am Genick und schüttelt sie *leicht*. Beim älteren größeren Hund kannst Du ihn an der Halskrause packen, jede Hand auf einer Seite des Halses, ihn mit den Vorderläufen vom Boden hochheben. Dies ist bei Hunden recht wirksam, sie fühlen sich eingeschüchtert, wenn ihre Pfoten den Bodenkontakt verlieren. Wird Strafe notwendig, ist der richtige Zeitpunkt von größter Wichtigkeit. Je nach Schwere des Fehlers kann die Strafe noch verschärft werden, indem man den Hund auf 15 bis 20 Minuten ignoriert. Was immer Du auch unternimmst, übertreibe nie solche Korrekturen - denn sie verlieren dadurch nur an Wirksamkeit.

Mein wichtigster Rat ist immer, beobachte genau Deinen Hund. Sei Dir immer darüber im klaren, Hunde sind Hunde, benehmen sich wie Hunde, selbst wenn Du in der Vorstellung lebst, sie seien perfekte kleine Menschen. Dein Hund und Du werden zu Neurotikern, wenn Du Dich über die kleinsten Fehler aufregst. Gibt es aber einen ernsthaften Grund, der Dich beunruhigt, vergeude keine Zeit. Suche fachmännische Hilfe. Hunde sind dafür da, daß man sie liebt und Freude mit ihnen hat.

147

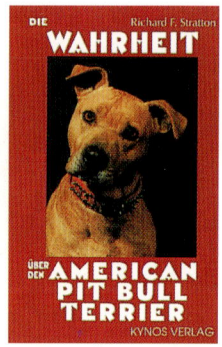

THE INTERNATIONAL ENCYCLOPAEDIA OF DOGS

Anne Rogers Clark / Andrew H. Brace

KYNOS GROSSER HUNDEFÜHRER

Deutsche Redaktion:
Dr. Dieter Fleig

- **Sie sind ein Hundefan!**
- **Interessieren Sie sich für alle Hunde?**
- **Können Sie 315 Hunderassen voneinander unterscheiden?**
- **Wissen Sie, welche Hunde besonders zu Ihnen passen?**
- **Kennen Sie sich aus in Rassegeschichte, Wesen, Gesundheit, Popularität, Rassemerkmalen und Anpassungsfähigkeit der einzelnen Hunderassen?**

Drei führende Verlage in Deutschland, England und USA haben zwei weltweit anerkannte Rasseexperten beauftragt, diese Fragen für jeden Hundefreund ausführlich, verständlich, übersichtlich und fachkundig zu beantworten. Hinzu treten Spitzenfotografen aus aller Welt, die 315 Hunderassen so portraitieren, wie sie wirklich sind.

Dieses Buch gehört in die Bibliothek jedes Hundeliebhabers, ein Geschenkbuch für das ganze Leben! Es bietet an, Ihnen den vierbeinigen Lebenspartner vorzustellen, der wirklich zu ihnen paßt.

ISBN 3-929545-29-2, 496 Seiten Großformat, 450 Farbfotos, **nur** DM 99,80.